おかいもの革命！

消費者と流通販売者の
相互学習型プラットホームによる
低炭素型社会の創出

編著　おかいもの革命プロジェクト

公人の友社

はじめに

　本書は、JST（科学技術振興機構）社会技術研究開発センター「地域に根ざした脱温暖化環境共生社会研究開発領域」に採択された「名古屋発！低炭素型買い物・販売・生産システムの実現」研究プロジェクトでの取り組み成果を軸にとりまとめたものである。

　低炭素型社会に向けた購買及び販売・生産に関して必要な新たな知見を発見するため、プロジェクトは実際の社会実験等を通じてそれらを検証し、構築することが目的である。

　研究プロジェクトでは、現在の温暖化の要因のひとつとして、消費者・流通販売者・生産者の三者が分断（固定化）され、十分なコミュニケーションがとれていないために、バリューチェーン全体が大量生産・大量消費型となっていると考え、その解決のために、"消費者、流通販売者、生産者の相互学習型プラットホーム"を構築し、三者の対等な関係におけるコミュニケーションを通して創造的な議論を行う"共創・創発マネジメント"により、消費者のお買いもの、更にはバリューチェーン全体の低炭素型社会へのシフトを目指すことを目標とする、新しいアプローチ手法の開発を試みた。

　具体的には、消費者・流通販売者と生産者からなる学習の場（「リサーチャーズクラブ」とうい名称のプラットホーム）を構築し、身近な買い物である食料品や日用品を中心的なターゲットとし、このプラットホームにおける対話や相互学習がどのように消費者の意識や購買行動に影響を

与えるのか、同時に流通販売者・生産者の変容や経営戦略への有効性について、実際の店舗での実証実験等を通じて検証しつつ考察した。更には、運営や社会実験を通しプラットホームを機能させる要件などの集約も試みた。

　本書は、第1章では、相互学習型プラットホームとは何か、その概要と設計の考え方、プラットホームの有効性を考察し、流通販売者の経営戦略の観点からもその意義と今後の可能性についても言及している。

　続く第2章、第3章では、消費者と流通販売者との半年間に渡る相互学習型プラットホームでの実践事例を、立ち上げから店舗実験までの流れに沿ってその取り組みを整理し記述した。また、流通販売者からみた今回の取り組みに関する意義、リサーチャーズクラブに参加した消費者からの生声等についても寄稿文を掲載した。

　第4章では、相互学習型プラットホーム終了後の流通販売者と消費者との更なる取り組みについて紹介し、トレイレスを題材にした消費者目線の情報表示と消費者の購買変容に関する実証実験の結果についても記述した。

　更に、第5章では、相互学習型プラットホームというこの新しいアプローチ手法を、消費者教育、更にはこれからの消費者としてどのような意義をもつのか、その可能性も含め論述した。

　加えて第6章では、商材別に低炭素型購買に変容した場合の CO_2 の排出量を試算し、続く第7章では、青果物について、生産・輸送段階での1kgあたりおよび年間のGHG排出量を、名古屋市を想定しその試算を試みた。

　全体を通して、低炭素型社会に向けた相互学習型プラットホームの意義と可能性をご理解頂ければ幸いである。

目 次

はじめに……………………………………………………………………… 2

第1章　相互学習型プラットホーム創出の意義と可能性 ………… 9

1.1　脱温暖化に向けた課題設定 ………………………………………10
1.2　課題解決のための３つのアプローチ ……………………………11
####　　1.2.1　川下からの購買変容による流通・販売の変容 ……………11
####　　1.2.2　生活圏に根ざした活動 …………………………………………12
####　　1.2.3　プラットホーム運営、普及 …………………………………12
1.3　日常の買い物の削減ポテンシャル ………………………………13
1.4　リサーチャーズクラブの創出 ……………………………………14
####　　1.4.1　リサーチャーズクラブの創出と検証 ………………………14
####　　1.4.2　消費者にとってのリサーチャーズクラブ …………………15
####　　1.4.3　流通販売者・生産者にとってのリサーチャーズクラブ ……17
1.5　「リサーチャーズクラブ」の実践…………………………………17
####　　1.5.1　リサーチャーズクラブの設計 ………………………………17
####　　1.5.2　リサーチャーズクラブでの取り組みテーマ ………………20
1.6　リサーチャーズクラブの意義 ……………………………………21
####　　1.6.1　学術的な意義 …………………………………………………21
####　　1.6.2　社会技術的意義 ………………………………………………22
1.7　相互学習型プラットホームの成果 ………………………………23
1.8　相互学習型プラットホームを機能させる要件 …………………24
1.9　流通販売者・生産者の経営戦略と相互学習型プラットホーム ……26
####　　1.9.1　低炭素型社会に向けた関係性のつくりなおし ……………26
####　　1.9.2　経営戦略からみた相互学習型プラットホーム ……………28

1.10　相互学習型プラットホームの応用可能性 …………………………30
　　　　1.10.1　中期・長期商材への適用 ………………………………30
　　　　1.10.2　他分野での活用 …………………………………………32

第2章　実践事例1：ユニー（株）との協働事例 ……………35

　　2.1　協働事例の概要について …………………………………………36
　　　　2.1.1　全体概要 ……………………………………………………36
　　　　2.1.2　協働企業および実施店舗について ………………………37
　　2.2　実施の流れ …………………………………………………………37
　　　　2.2.1　メンバーの募集 ……………………………………………37
　　　　2.2.2　メンバーの決定 ……………………………………………39
　　　　2.2.3　ミーティング ………………………………………………39
　　　　2.2.4　デモンストレーション ……………………………………40
　　　　2.2.5　情報発信 ……………………………………………………41
　　2.3　3つのテーマによる取り組み ……………………………………43
　　　　2.3.1　ワークショップによるテーマ決め ………………………43
　　　　2.3.2　テーマ1/ 容器包装 …………………………………………46
　　　　2.3.3　テーマ2/ 食 …………………………………………………49
　　　　2.3.4　テーマ3/ エコ商品・PB商品 ………………………………51
　　2.4　協働実施を終えて …………………………………………………53
　　コラム ………………………………………………………………………55
　　リサーチャーズクラブに参加しての感想 ………………………………56

第3章　実践事例2：(株)ジェイアール東海髙島屋との協働事例　59

　　3.1　協働事例の概要について …………………………………………60
　　　　3.1.1　全体概要（実施時期、参加者数、実施概要など）………60
　　　　3.1.2　協働企業および実施店舗について ………………………60

3.2 実施の流れ …………………………………………………………61
　3.2.1 メンバーの募集 …………………………………………………61
　3.2.2 メンバーの決定 …………………………………………………62
　3.2.3 ミーティング ……………………………………………………62
　3.2.4 デモンストレーション …………………………………………63
　3.2.5 情報発信 …………………………………………………………63
3.3 2つのテーマによる取り組み ………………………………………64
　3.3.1 ワークショップによるテーマ決め ……………………………64
　3.3.2 テーマ1/ 適正包装 ………………………………………………66
　3.3.3 テーマ2/ お買い物基準 …………………………………………70
　3.3.4 リサーチャーズクラブ終了後の「適正包装」の展開 ………72
　3.3.5 リサーチャーズクラブ終了後の「お買い物基準」の展開 …74
3.4 まとめ ………………………………………………………………76
コラム……………………………………………………………………78
リサーチャーズクラブに参加しての感想………………………………80

第4章　消費者の変容：リサーチャーズクラブ・プラスの活動から　81

4.1 リサーチャーズクラブ・プラスとは ………………………………82
　4.1.1 リサーチャーズクラブ・プラス発足の経緯 …………………82
　4.1.2 メンバー構成および活動期間 …………………………………83
　4.1.3 ミーティングについて …………………………………………84
4.2 リサーチャーズクラブ・プラスの活動概要 ………………………85
　4.2.1 消費者の変容を促すトレイレス実験 …………………………85
　4.2.2 消費者リーダーの育成を目指したなごや環境大学講座 ……87
　4.2.3 ecoアクションマッチングBookによる消費者への啓発 ……90
4.3 トレイレス実験による消費者の変容 ………………………………92
　4.3.1 トレイレス実験2011 ……………………………………………92
　4.3.2 トレイレス実験2012 ……………………………………………95

4.3.3　トレイレス実験 2013 ………………………………………… 98
　　4.3.4　他店舗での POP 掲示 ……………………………………… 101
　4.4　まとめ ……………………………………………………………… 102

第 5 章　消費者の変容：消費者教育から見た一考察 …………… 105

　5.1　消費者教育と求められる消費者像 ……………………………… 106
　　5.1.1　消費者教育からみたリサーチャーズクラブの取り組み …… 106
　　5.1.2　戦後日本の消費者教育と求められる消費者像 …………… 107
　　5.1.3　21 世紀型消費者教育と求められる消費者像 ……………… 108
　5.2　リサーチャーズクラブ（ユニー）の活動と消費者の変容（1）
　　　　　　　　　　　　　　　　　　　　　　　　調査の概要 ……… 110
　　5.2.1　調査の趣旨 …………………………………………………… 110
　　5.2.2　調査の方法と分析の視点 …………………………………… 111
　5.3　リサーチャーズクラブ（ユニー）の活動と消費者の変容（2）
　　　　　　　　　　　　　　　　　　　　　　　　調査の結果 …… 115
　　5.3.1　RC メンバーと一般消費者のライフスタイルと消費行動の実態 115
　　5.3.2　RC メンバーの変容 ………………………………………… 117
　　5.3.3　一般消費者の変容 …………………………………………… 120
　5.4　まとめ
　　　―持続可能な消費者市民社会を創る消費者と事業者の育成― ……… 122

第 6 章　購買行動の変容による CO_2 削減効果の評価
　　　　　　　　　　　　　　　　　　　　　―食料品を対象として―　125

　6.1　はじめに ……………………………………………………………… 126
　6.2　GHG 排出量の推計 ………………………………………………… 127
　　6.2.1　ライフサイクルアセスメント（LCA）……………………… 127
　　6.2.2　推計対象・方法 ……………………………………………… 128

6.2.3　食料消費に関わる GHG 排出量の推計結果 …………………… 130
　6.3　野菜・果物を対象とした環境負荷削減策の評価 …………………… 132
　　6.3.1　評価シナリオ ……………………………………………………… 132
　　6.3.2　環境負荷削減ポテンシャルの評価結果 ………………………… 135
　6.4　まとめ …………………………………………………………………… 139

第7章　野菜の購買と脱温暖化シナリオ ………………………………… 143

　7.1　はじめに ………………………………………………………………… 144
　7.2　評価方法 ………………………………………………………………… 145
　　7.2.1　青果物の GHG 排出量算出方法 ………………………………… 145
　　7.2.2　シナリオ設定 ……………………………………………………… 147
　7.3　結果と考察 ……………………………………………………………… 147

おわりに－プラットホームの普及による脱温暖化を目指して－ ………… 153

　資料 …………………………………………………………………………… 155
　おかいもの革命プロジェクトとは ………………………………………… 195
　編著者プロフィール ………………………………………………………… 197

第1章　相互学習型プラットホーム創出の意義と可能性

1.1　脱温暖化に向けた課題設定
1.2　課題解決のための3つのアプローチ
　　1.2.1　川下からの購買変容による流通・販売の変容
　　1.2.2　生活圏に根ざした活動による解決法
　　1.2.3　プラットホーム運営、普及
1.3　日常の買い物の削減ポテンシャル
1.4　リサーチャーズクラブの創出
　　1.4.1　リサーチャーズクラブの創出と検証
　　1.4.2　消費者にとってのリサーチャーズクラブ
　　1.4.3　流通販売者・生産者にとってのリサーチャーズクラブ
1.5　「リサーチャーズクラブ」の実践
　　1.5.1　リサーチャーズクラブの設計
　　1.5.2　リサーチャーズクラブでの取り組みテーマ
1.6　リサーチャーズクラブの意義
　　1.6.1　学術的な意義
　　1.6.2　社会技術的意義
1.7　相互学習型プラットホームの成果
1.8　相互学習型プラットホームを機能させる要件
1.9　流通販売者・生産者の経営戦略と相互学習型プラットホーム
　　1.9.1　低炭素型社会に向けた関係性のつくりなおし
　　1.9.2　経営戦略からみた相互学習型プラットホーム
1.10　相互学習型プラットホームの応用可能性
　　1.10.1　中期・長期商材への適用
　　1.10.2　他分野での活用

1.1 脱温暖化に向けた課題設定

「おかいもの革命！プロジェクト」では、消費者の購買行動の変容が企業の環境への取り組みや経営戦略を変え、または支える原動力となるという認識を基に、最終消費、即ち消費者の「買い物」に着目することが重要だと捉え、流通の川下である消費者から流通販売者、生産者に働きかけると同時に、消費者の購買行動の変容を生み出せれば、低炭素型商品の販売、サプライチェーンの変容等が可能となると考えた。

その実現のために、消費者、流通販売者、生産者の三者が繋がり対話する「相互学習型プラットホーム」を創出・運用し、その有効性や機能する要件を含めた知見を生み出し、石油依存型からの脱却につながるモノやサービスの循環を起こす、更に、消費者の購買変容、ライフスタイルの転換を進めるという、地域に根ざした脱温暖化推進シナリオの開発を目指した。UNEP のレポートにおいては、最終消費で使用されるどんな製品やサービスがライフサイクルにわたって大きな環境を与えるのかを分析する観点の重要性が指摘されている。消費は生産の原動力であり、食料消費、モビリティ、電気機器の使用および住宅が最終消費におけるライフサイクル環境影響の大半を占めることが指摘されていることからも[1]、従来の生産者への規制や補助金を中心としたアプローチとは異なる、「川下からのアプローチ」の必要性は高い。

---

1 国連環境計画、「消費と生産の環境影響を評価する－重視すべき製品・物質に関する報告書」、2010 年（持続可能な資源管理に関する国際パネル製品・物質環境影響作業部会による報告書、Hertwich, E.、van der Voet, E.、Suh, S.、Tukker, A.、Huijbregts M.、Kazmierczyk, P.、Lenzen, M.、McNeely, J.、Moriguchi, Y.

1.2 課題解決のための3つのアプローチ

1.2.1 川下からの購買変容による流通・販売の変容

現在の温暖化のさまざまな要因の一つとして、消費者・流通販売者・生産者の三者が分断（固定化）され、十分なコミュニケーションがとれていないために、バリューチェーン全体が大量生産・大量消費型となっていることが考えられる。

したがって、三者が対等な関係でのコミュニケーションを通して創造的な議論を行う「共創・創発的マネジメント」により、バリューチェーン全体の低炭素型社会へのシフトを目指すことを目標として設定した。コミュニケーションのためのプラットホームを創出し、「買う側」「売る側」「作る側」が対話し、相互学習を通じ、消費者自らが問題解決をする主体者として行動することに加え、消費者、流通販売者、生産者がそれぞれにバリューチェーンの変革に向けた自身の役割

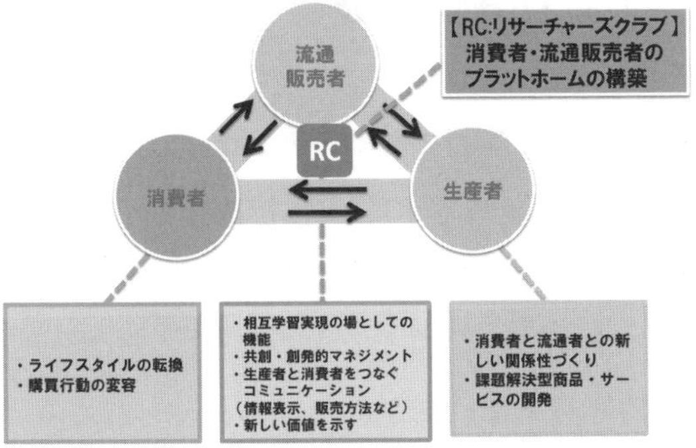

図表1-1

を見直し、「脱温暖化」＝「石油依存型消費社会の本格的な作り直し」を行うことができると捉えた（**図表 1-1**）。

1.2.2　生活圏に根ざした活動

活力ある地域づくりを脱温暖化・環境共生の視点から見つめ直すと、プロジェクトを実施した名古屋のような都市圏では、町内会のような地縁型コミュニティが希薄になりつつある一方で、「"買い物"といった場が人と情報の集まる場」となり、テーマ・関心型コミュニティとして機能しうる可能性がある。特に、日常的に購入する商品である食料のうち野菜や果物といった生鮮食品は、比較的地元に近いところで生産されたものも多く、地域の生活圏に根ざしたコミュニティで情報を得ながら購入していくことが地域への関心を呼び起こし共感が生まれ、結果として行動変容を起こし、地域に根ざした脱温暖化にもつながる可能性が高い。このため、相互学習型プラットホームを構築する際、生活圏にあるリアルの店舗を中心として展開することによって、より地域に根ざしたゆるやかなお買い物コミュニティの役割が期待できると考えた。

1.2.3　プラットホーム運営、普及

名古屋での相互学習型プラットホームの取り組みの成果を他の地域に普及・定着させることを目指した。そのため、消費者の購買行動が変容することによって削減できる CO_2 排出量を、代表的な商材を中心に計算し、削減シナリオを描きつつ、また、流通販売者・生産者が相互学習型プラットホームを導入できるように、プラットホームの設計、運営に関する知見の集約を試みた。

1.3 日常の買い物の削減ポテンシャル

対象とする商材は、日常的に購入する「日用品・食料品」とした。前述したように、これらの商材は比較的地元に近いところで生産されたものが多く、生活圏の中で情報を得ながら購入していくモノであるため共感を生み、消費者の行動変容へとつながり、地域に根ざした脱温暖化にもつながると考えたからである。

更には、日用品・食料品において消費者と流通販売者の相互学習型プラットホームにより削減が期待できるCO_2排出量（流通業が関与しうるCO_2排出量：家計の最終消費からみた日用品・食料品流通業が扱う全商品のCO_2排出量）はおよそ14％となり日常の買い物における購買行動は大きな削減のポテンシャルがあり、低炭素型お買い物のアプローチ商材として意義があると考えた（図表1-2）。また、店舗での実証実験

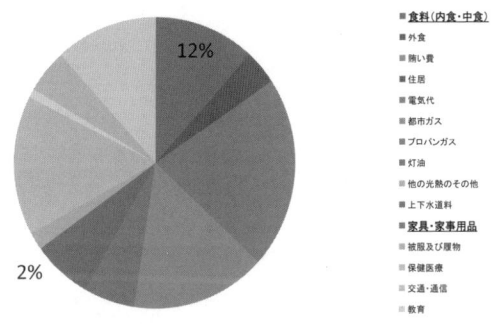

「日常的なお買いもの」のCO_2排出量14％

＊重藤様提供データより（3EID、家計調査、ともに2005年）
＊「食料」の内訳は、穀類、魚介類、肉類、乳卵類、野菜・海藻、果物、油脂、調味料、菓子類、調理食品、飲料、酒類

図表1-2

を考慮すると、購買回数が多く検証も可能である。なお、一例として野菜の購買とCO_2削減の関係について、第6章で試算している。

1.4 リサーチャーズクラブの創出

1.4.1 リサーチャーズクラブの創出と検証

消費者と流通販売者とが対等な立場で相互学習・対話することにより、低炭素社会の実現につながるより良いお買いものを目指すことを狙いとし、「リサーチャーズクラブ」という名称の、相互学習型プラットホームを立ち上げた。

名古屋地域の消費者、スーパーマーケット（ユニー(株)）、百貨店（(株)ジェイアール東海髙島屋）の協力を得て、2回にわたり"リサーチャーズクラブ"を構築し、実証的な取り組みを実施した。(**図表1-3**)

「リサーチャーズクラブ」では、消費者は流通販売者の低炭素型社

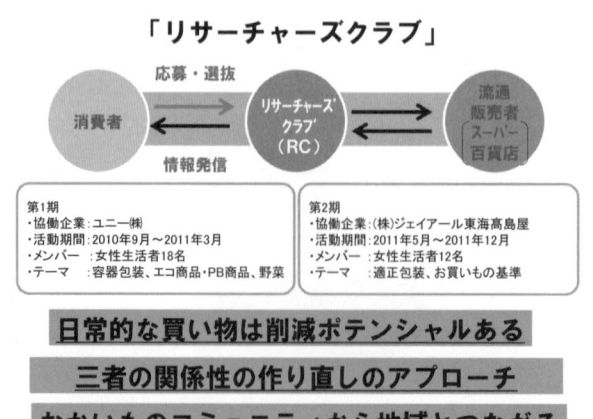

図表 1-3

会に向けた取り組み、現状や課題を学び、また、流通販売者は消費者からの疑問、要望を学んでいく過程で、消費者と流通販売者が相互に対話・学習しながら低炭素型社会への買物行動に向けた問題解決を模索し、店舗での情報表示やフロアマネジメントを行った。

店舗での実証実験では、参画している消費者サイドからの提案による商品の情報表示や店舗デザインを描き、これらの提案が一般の他の消費者へどのような行動変容を起こすのかを明らかにした。また、相互学習型プラットホームに参加した消費者自らの行動変容、意識変容にも着目した。加えて、流通販売者の変容や環境経営への有効性についても取りまとめた。

1.4.2 消費者にとってのリサーチャーズクラブ

環境に関するさまざまな消費者調査をみると、「環境意識は高く危機感はある」が実際の消費行動の変容やライフスタイルの変容までには繋がっていない現状がある。

プロジェクトで実施した販売に関する調査[2]では、「お店に意見を言える場があると来店回数が増える」人が47%となっており、消費者は流通販売者とのコミュニケーションをより求めていることが判る（**図表 1-4**）。最近のマーケティング調査を見ても、「企業に自分の考えや意見を伝いたい」との回答が60%である一方、「商品やサービスについて意見を言える場や機会が少ない」との回答が50%である。更には、「企業は顧客の声にもっと耳を傾けるべき」とする回答は約80%になっている（**図表 1-5**）。

したがって、プラットホームはコミュニケーションを求めている消

2　調査内容と結果については巻末に掲載している。

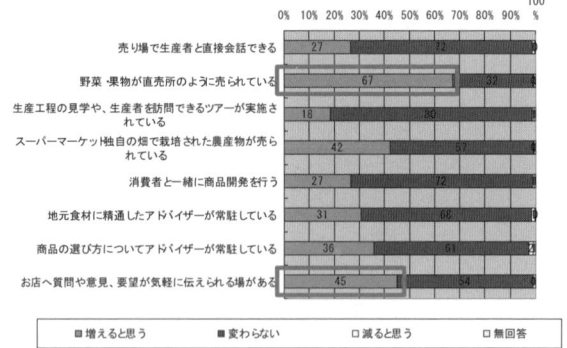

● 野菜・果物の直売所スタイルの販売があれば、67%の人が来店回数が「増えると思う」と回答
● お店へ質問や意見、要望が気軽に伝えられる場があれば、45%の人は来店回数が「増えると思う」と回答

図表 1-4

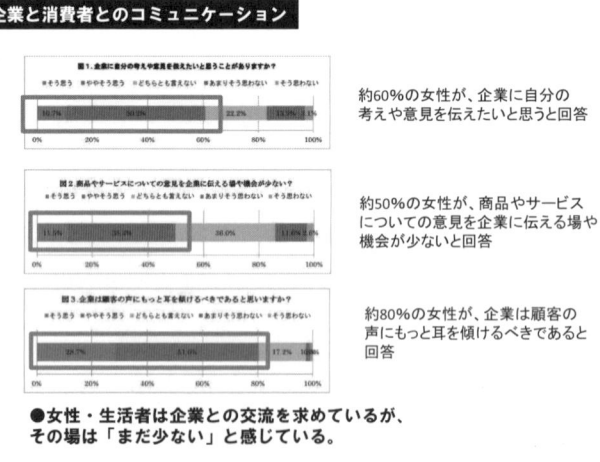

● 女性・生活者は企業との交流を求めているが、その場は「まだ少ない」と感じている。

出典 ㈱ハー・ストーリィ 女性のあした研究所 （2012年11月） http://www.herstorylab.jp/13977.html
商品・サービスに関する企業との情報交流についての意識調査 （調査対象：全国の20～60代の既婚女性1078人）

図表 1-5

費者が「意見を伝える場」であり、また、買い物を通じて「環境を考える学習の場」の意味を持つ。

1.4.3 流通販売者・生産者にとってのリサーチャーズクラブ

　流通販売者・生産者は社会的要請（政府を含む）の中で、温暖化対策に取り組んでいるが、消費者は環境配慮型購買への意識はあるものの、なかなか行動変容に至らないでいる。流通販売者へのヒアリングでも、「環境に関するアンケート結果が実際の購買に反映されていない」「環境貢献は購買に結び付けるのが難しい」との声も多く聞く。

　その結果、生産・流通販売者は温暖化対策を講じる際に、例えば、環境配慮型商品の生産や販売での売上変動という大きなリスクを抱えることになる。

　したがって、消費者とのプラットホームでの対話を通じ、消費者の理解が十分でないために環境配慮型商品・サービスや取組みが普及・定着しないというリスクを避けるための知見やヒントを得ることで、低炭素型のバリューチェーンを構想することができる。経営戦略的な観点から許容できるリスクを把握しながら流通や販売の中に実現し、徐々に広げていくことができると考えた。

1.5 「リサーチャーズクラブ」の実践

1.5.1 リサーチャーズクラブの設計

　前述したように、消費者は企業との対話を望んでおり、女性に関するマーケティング調査からも「自らの力を地域や社会に使いたい」との意向がある。したがって、参加する消費者にとって自身の学びが社会に貢献することを想起し、受動的ではない消費者のイメージを込めて、名称を「リサーチャーズクラブ」とし、「"あなたのいいな"を"

みんなのいいな "」というメッセージと共に、活動を実施した。

　愛知県下に店舗を展開するユニー（株）のアピタ千代田橋店、（株）ジェイアール東海髙島屋の店舗であるジェイアール名古屋タカシマヤの２つを活動の場とし、一般消費者を募り幅広い年代・職業の消費者と流通販売側のバイヤーや商品開発等担当者からなる、「相互学習の場」を創出し、半年間の活動を実施した。リサーチャーズクラブのメンバーは、対象とする日常の買い物の購買決定権の９割[3]を有している女性に限定した。特に、「消費者自らが地域や社会の課題解決に参画し、流通販売者の現状や取り組みを学び、自らの経験に基づく意見を提案することにより、消費者自身の生活も豊かになる」というビジョンを打ち出した。そのビジョンをリサーチャーズクラブでの活動を通じて体験することが重要であり、消費者自体が主体的に購買に関する意識や行動を変容させ、ライフスタイルを選択していくためのコミュニケーションがプラットホーム上でなされるように進めた。

相互学習プラットホームの設計

1　企業と対等な関係、意見交換を望む消費者
2　自分の学びと社会貢献の両立できる
　　・・・名称「リサーチャーズクラブ」を工夫
3　共感をベースに進める
　　・・・身近な問題や共感からスタートする
4　実業を妨げない運営
　　・・・規則の設置、現実性を踏まえた実証実験
5　学習を反映させる運営
　　・・・取り組み内容をフレキシブルに変える

⇒　まずは、流通販売者の消費者のプラットホーム（リアルな場）
　　その後、生産者と消費者のプラットホーム（バーチャルな場）

図表 1-6

---

[3]　出典：「女性の購買決定権」（株）ハー・ストーリィ　女性のあした研究所調べ（2008 年 10 月）http://www.herstory.co.jp/press/research/200811/decision_maker.html

第1章 相互学習型プラットホームの創出の意義と可能性　19

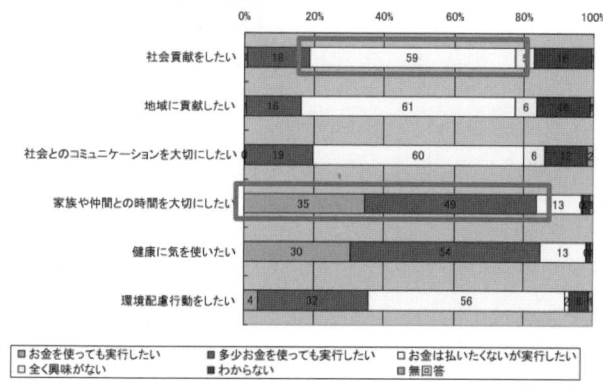

●60％前後の人が、社会や地域、環境に「お金をかけずに貢献したい」と回答。
●「家族や仲間との時間」や「健康管理」は「お金を払っても」大切にしたいと考えている人が84％。

図表 1-7

　したがって、リサーチャーズクラブは低炭素型社会を目指すものであるが、取り組みや進め方に関し、5つのポイントに注力しながら設計した（**図表 1-6**）。

　「共感をベースに始める」については、プロジェクトで実施した調査では、約60％前後の人が「社会や地域、環境にはお金をかけずに貢献したい」としている。一方、「家族や仲間との時間」や「健康管理」は「お金を払っても大切にしたい」と考えている人が84％となっている（**図表 1-7**）。

　したがって、環境問題を前面に出すアプローチではなく、身近な暮らしや関心のあるテーマから買い物を考え、流通販売者と共に考える場を設定することにした。

　また、「実業をさまたげない運営」については、リサーチャーズクラブで見聞きした情報等で実際の販売やサービスに支障を生むことがないような情報管理、また参加者のプライバシー保護等を含めた規則

を作り、参加者及び関係間で確認・同意した上でスタートした。

　加えて、店舗での実証実験では、流通販売者へ仕入れ等の変更やサービスのプロセスへ過度の負荷をかけないように配慮した内容になるように、何度も議論を重ねながら進めた。

　「学習を反映させる運営」については、期間内でのおおよその取り組み内容や進め方案は持ちながらも、その時々のリサーチャーズクラブメンバーの意見や学習に応じて、取り組み内容をフレキシブルに変更しながら進めた。

1.5.2　リサーチャーズクラブでの取り組みテーマ

　具体的に取り扱うテーマ選定は、消費者の素朴なお買い物への疑問からスタートした。その意見をベースに消費者調査等での関心の高いテーマであり、かつ低炭素型お買い物を店舗で検証しうる内容について、流通販売者と議論を重ねた。結果、ユニー（株）では「容器包装」「食（野菜の購買）」「エコ商品・PB商品」の3つについて、（株）ジェイアール東海髙島屋では、「適正包装」「お買いもの基準」の2つをテーマとした活動を実施し、最終的には新たな情報提供スタイルによる購買行動の変化を検証する店舗実験を実施した。また、メンバーから地域の他の消費者に対して消費者目線を活かした検討過程そのものを情報発信した。（リサーチャーズクラブの詳細については第2章、第3章参照。）

1.6 リサーチャーズクラブの意義

1.6.1 学術的な意義

　まず、温暖化・環境共生に関わる研究開発において指摘されることの多い「消費者の購買に関する好ましい態度や関心と購買行動のかい離」については、Ajzen and Fishbein（2005）があり、消費者は環境意識や環境配慮型商品の関心や購買意欲はあっても実際の購買にはかい離が見られることは、本プロジェクトで実施した「ライフスタイルと環境意識・行動」調査でも同様な結果が得られている。また、消費という選択行動は「消費者の記憶の内に蓄積された商品の認識や違いに関する一連の手続き及び認識（スクリプト：script）」として捉える研究では、Shoemaker（1996）、棚橋（1997）新倉（2012）がある。このかい離を埋めるための手法として、マーケティング分野では「口コミ」による情報が消費者に与える影響が大きいとされていることを鑑み、プロジェクトでは多くの消費者と同じ「買い手」であるリサーチャーズクラブのメンバー（＝消費者）が検討した情報表示による実証実験を試み、他の消費者の購買に関するスクリプトにどのような影響を与えたかを検証した。

　その結果、日常的に購入している商材については商品に関する一定の知識や情報があり、購入時に追加情報（店舗での新たな情報表示等）があっても見ないという結果が店舗での実験で観測でき、消費者の中に購買から消費に至る際の強固なスクリプトが出来上がっていることが判った。

　一方で、消費者の声を活かした情報表示への関心は高いことから、

この強固なスプリクトにアプローチするために、デモンストレーションを実施するなどし、店舗での新たな情報を認知し、購買選択への訴求力の強い情報表示やフロアマネジメントを工夫することで強固なスクリプトに関与できることが判った。(その一部は、第4章のトレイレスの実証実験を参照。)

また、「消費者の購入した商材、その使用と生活変化による CO_2 削減に関する研究」としては Shahzeen Attari（2010）がある。

更には、プラットホームに参加したリサーチャーズクラブのメンバー（＝消費者）のが活動を通じてどのような変容を起こしたのかを検証し、市民社会をつくる消費者像、更には多様な主体による消費者教育の場としての相互学習型プラットホームが有効であることを検証できた。(詳細は第5章参照)加えて、消費者の意識変容、購買変容への効果については、リサーチャーズ・クラブ終了後の参加メンバーの変化（1～2年経過）をヒアリング調査したところ、低炭素型社会に向けた態度変容・購買変容は継続しており、環境や購買に関する情報を積極的に得て行動している等、その効果を検証できた。

1.6.2　社会技術的意義

相互学習型プラットホームについて、他のアプローチや取り組みと比較して整理してみたい。まず、消費者教育との相違は、「多様な主体間での消費者教育の新規性」がある。更に、消費者の被害防止や権利を獲得するためではなく、寧ろ、「消費者自身が自らの役割や責任を認識し行動変革を起こす」点に、消費者運動との相違がある。

加えて、近年のグリーン・コンシューマーリズムとは、消費者の購買から供給サイドに環境経営を働きかける点で同じであるが、「消費者サイドだけに焦点を当てず、供給サイドと共に問題解決を図る」こ

とに相違がある。

　また、企業においても、最近では自社の商品開発やサービスに活かすために、消費者との直接的な対話の場を設け積極的に活用しているが、「自社の製品や販売戦略のためではなく広く低炭素型購買への問題解決を目指す場であること」「作り手（売り手）と買い手という関係性ではなく対等の立場である」という2つの点で相違がある。

　また、消費者団体として長年活動をしている生活協同組合、特に環境生協があるが、誰でもがアクセスできるスーパーマーケットを舞台にその活動のプロセスを公開しながらマーケティングの視点をベースに進めている点で、市民運動型の環境生協とは異なるアプローチである。

　生協関係者へのヒアリングにおいても、「マーケティング視点を持ちかつ消費者と流通販売者の相互理解を進める機能を担う事務局を含んだ相互学習型プラットホームでの取り組みは、消費者との関係性構築の新しい形」との積極的な意見が寄せられた。

1.7　相互学習型プラットホームの成果

　リサーチャーズクラブに参加した消費者は、"健康配慮商品、環境配慮商品の購入意欲を高めた""情報発信や商品選択を慎重にするようになった""有名メーカー志向が低下した"等態度変容、購買変容共に変化した。

　また、他の消費者への波及効果（店舗での購買変容）」については、店舗での社会実験を通じ、消費者自身の購買選択時のスプリクトが強固であることが観測できたため、更により情報を見える形でのデモン

ストレーション実験を実施するなど今後の店舗での情報表示や販売方法等に関する知見の一部を集約した。

次に、「流通・生産者の経営戦略への活用」については、プラットホームでの相互学習を通じ、"取り組みが消費者には十分に伝わっていなかった""消費者が欲する情報と発信している情報にギャップがある"など、今後の消費者とのコミュニケーションの課題や環境経営への活用に対する有効性が指摘された。経営戦略からみたプラットホームの活用については後述する。

1.8　相互学習型プラットホームを機能させる要件

消費者と流通販売者との2つの「相互学習型プラットホーム」（ユニー（株）、（株）ジェイアール東海髙島屋）での実証実験に加え、別途実施した生産者と消費者とのFacebookを利用しての相互学習型プラットホームの構築実験[4]を合わせ、リアルな場とバーチャルな場での2つの相互学習型プラットホームを検証した（図表1-8）。

これらのプラットホームの運営を通じ、消費者、流通販売者、生産者それぞれにとっての有効性を検証したが、プラットホームを機能させる要件としては、大きく5つに集約できた（図表1-9）。

特に、「中立的な立場での事務局の存在」については、構築当初は進行を促進する役割を担うとの位置付けでスタートしたが、この要素が大きいことが判った。

4　大都市では食料品の生産者である農業と関わることが時間的・空間的な制約から困難であるため、インターネット上で対話を図るプラットホームとして、SNS（ソーシャル・ネットワーク・サービス）を利用したFacebookを立ち上げ、消費者の生産者による相互学習型プラットホームの構築実験を3か月間実施した。

第1章　相互学習型プラットホームの創出の意義と可能性　25

　プロジェクト事務局が第三者として参加したことで、流通販売者が消費者の要望に対し、「できる、できない」の二者択一ではなく解決策を一緒に考えられるといった効果があった。一般的に流通販売者や

図表1-8

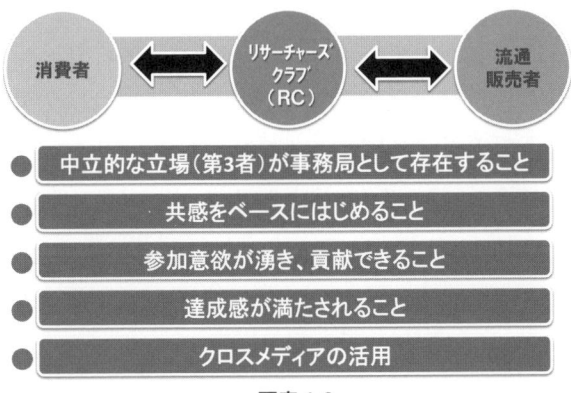

図表1-9

生産者は顧客である消費者とは対峙しづらい。消費者と流通販売者・生産者の間に立ち、相互の背景等を説明したり、ファシリテーターの役割を果たす存在があることで初めて対等な対話が可能となるのである。この中立的な立場という要件を考えると、流通販売者だけでリサーチャーズクラブを行おうとした場合、コミュニケーションや関係性での限界が生まれ実現は困難となる。

　また、リサーチャーズクラブの普及の際にはこの事務局機能の受け皿としては、実施する地域に根ざした大学、NPO、団体等さまざまに考えられ、地域での主体を作る場合には、地域性を活かしたモデルや仕組みを作ることで展開が可能である。

1.9　流通販売者・生産者の経営戦略と相互学習型プラットホーム

1.9.1　低炭素型社会に向けた関係性のつくりなおし

　購買行動を巡っては1990年代に入り、売上を拡大する販売戦略から消費者との対話やコミュニケーションを通じた相互作用の中でニーズや新たな価値を創出する、いわば質を問う「関係性マーケティング」へと転換した。消費者との関係が単なる「交換のパラダイム」から、共に価値を生み出す「関係性のパラダイム」へとシフトしたと言われている。関係性のパラダイムとは、需要が潜在的に存在するのではなく、顧客と交互作用的なコミュニケーション活動によってニーズは発生し、企業と生活者との間に共創的に発生すると考える視点であり、この視点は社会にとっての利益を考慮して活動すべきとする社会志向のマーケティングの基礎でもある。更に、現在の大量生産大量消費に

第1章　相互学習型プラットホームの創出の意義と可能性　27

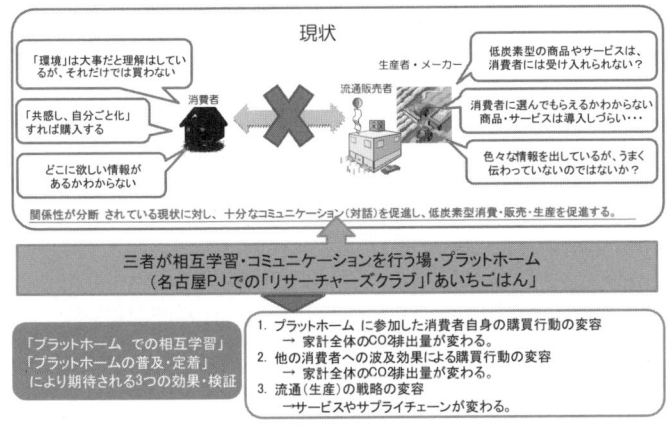

図表 1-10

よる高炭素社会へロックオンされた状況を関係性のつくりなおしからアプローチするシナリオを検討する必要がある。

したがって、その関係性のパラダイムシフト（関係性のつくりなおし）のため、「消費者、流通販売者、生産者による相互学習型プラットホーム」を作り、三者がそれぞれが主体的に行動することを目指し、役割を次のように整理した。（**図表 1-10**）

① 消費者は消費行動における、それぞれの選択が自らの暮らしや地域、社会や環境に影響を与える力があることを認識する。更に、購買選択をする「買い手」ではなく、モノの販売や生産にも消費者が参画する仕組みを作り、低炭素型社会を作り上げるために、新たな価値に根ざしたライフスタイルを持ち、日々の買い物を始めとする暮らしの中から行動する消費者への変容や他の消費者への影響を及ぼす。

② 流通販売者は消費者が商品を「買う場」だけではなく、消費

と生産者をつなぐ場や、地域に密着しているという点から地域と消費者をつなぐ場を生み出すことで、低炭素型社会への移行を促進させる、エコロジーとエコノミーを両立させた新しい機能の創出を目指す。

③ 生産者は、商品開発において、旧来型の「売る」に焦点を当てた商品開発だけではなく、これまでの石油由来の生産・流通を見直し、消費者が選択した商品を通じて暮らしや地域・社会をよりよいものへと導くために、生産者と消費者と流通販売者三者が対話をしながら低炭素型商品を作る新しい形の商品開発を目指す。

1.9.2 経営戦略からみた相互学習型プラットホーム

第2章、第3章でも記述したように、相互学習を通じ流通販売者は、「取り組みが消費者には十分に伝わっていなかった」「消費者が欲する情報と発信している情報にギャップがある」など、今後の消費者とのコミュニケーションの課題が明らかとなった。

更に、これらのコミュニケーションの課題だけではなく、「プラッ

流通販売者の変容と経営戦略への活用

1. 実業に合わせた環境への取り組み
   ・・・多様なアプローチができるという発見と今後の展開が可能と認識できた。
2. 消費者とのコミュニケーションギャップの解消とコミュニケーションデザインの開発
   ・・・消費者に伝わっていたとズレがあり、その解消に消費者との相互学習は有効である。
3. 社内外での情報交換・社員の意識改革
   ・・・プロジェクトを通じて得た情報をベースに社内での検討を実施できた。
   社内で環境意識が促進された。
4. 地域に根差した経営戦略への発露
   ・・・「社会性」と「地域性」をどのように組み込むかを考えるきっかけになった。
5. ブランドイメージの向上とメンバーのファン化
   ・・・参加した消費者が協働を実施した店舗や企業のファンとなった

   ⇒ 環境経営のリスクマネジメントとなる

図表 1-11

トホームでの活動を通じ社内での意識改革や行動の変化に繋がった」といった変化や「環境への取り組みは固い取り組みになりがちであるが、相互学習型プラットホームでの活動を通じそれぞれにメリットを得られるようなかたちを考えられることが判った」などの成果に加えて、「継続的に続けることで売り上げの変動も含めた長期的な成果につながる」と評価された（図表1-11）。

特に、今後の流通販売に関する経営戦略は単に売り上げだけではなく、「社会性（社会の潮流や問題とのつながり）」と「地域性（その地域とのつながり）」をどのように加味していくのかが重要であるとの認識から、今回のような地域の消費者を巻き込みながら問題解決を図る場は有効であるとの意見を得た。これは、昨今の企業経営をめぐる「価値創造」にもつながる。企業と社会とのつなりをめぐっては、企業の社会的責任（Corporate Social Responsibility：CSR）から共通価値の創造（Corporate Social Value:CSV）へと議論が進んでいる。事業を営む地域社会の経済・社会状況を加味しながら、本業に即した形で社会的課題の解決や社会の求める価値に呼応しつつ競争力を高めていく経営である。生産・流通・販売は、近年のグローバル化のなかで扱われることが多いが、個々の商圏は地域単位であり、地域の消費者を巻き込む相互学習型プラットホームでの取り組みは、個々のサプライチェーン、地域経済を支え強化することにつながり、自社の持続可能性だけではなく地域経済を支え強化することにもなる。そのためには、消費者と共に対話しながら、店舗での運営や経営戦略を変えていくことが必要不可欠である。しかし、通常、消費者が流通販売者に意見や思いを伝えるのは、苦情をベースにすることが多い。両者が対等な立場で問題解決を試行するという新たな関係性は、これまで見えてこなかった（流通販売者が把握できなかった）ニーズの把握につながるだけではなく、

これらは未来の販売・消費パターンを生み出す可能性を含んでいる。そのような意味からも、相互学習型プラットホームは意義が大きいと考えられる。また、今回のプラットホームに参加した消費者は、参画した店舗・企業の取り組みを深く理解したことにより個別企業のファンや積極的支援者となり、また、買い物を通じ地域とのつながりを考えるよう変化しており、地域に根ざした活動としても意義があると思われる。

1.10 相互学習型プラットホームの応用可能性

1.10.1 中期・長期商材への適用

相互学習型プラットホームで取り扱う日常の買い物の中で代表的商材の購入によるCO_2削減効果について、プロジェクトで試算した（図表1-12）。

プラットホームで取り扱える代表的な短期商材のCO2削減効果（試算）

消費者行動変容	CO2削減効果
地元の野菜を選択	410千t-CO_2削減
旬の野菜を選択	76千t-CO_2削減
環境保全型農業の野菜を選択	133千t-CO_2削減
環境保全型農業の米を選択	1,580千t-CO_2削減
PSPトレイをトレイレスに変更	482千t-CO_2削減
洗濯時すすぎを2回→1回に変更	301千t-CO_2削減

図表 1-12

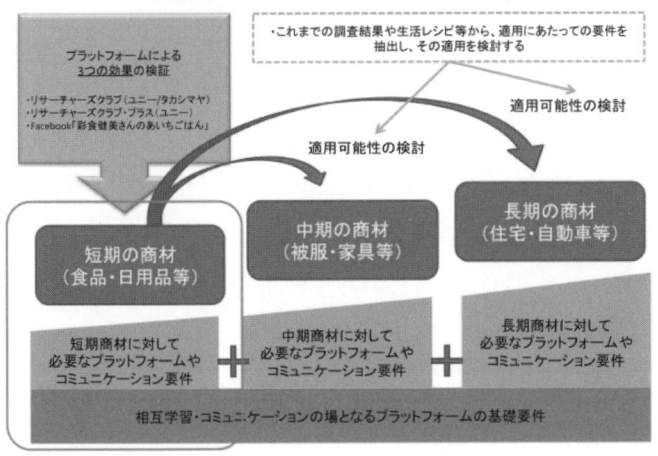

図表 1-13

　これは、低炭素型生産による商材や行動による1年間での削減量（家計単位）であり、削減効果の高い米などの商材をテーマにした相互学習型プラットホームも一考であろう。

　更に、相互学習型プラットホームは、食料品や日用品といった短期商材だけでなく、他の商材にも適用可能だと考える。UNEP レポート[4]では、先進国では食料品、自動車（モビリティ）、住宅の分野で CO_2 排出量が大きいことが指摘されているが、リサーチャーズクラブでの知見を、モビリティ、住宅にも適用し展開することで、さらに大きな成果が期待できる（**図表 1-13**）。

　実際、住宅の購買に関するアンケート結果をベースに、天然住宅の販売システムを研究している関係者[5]との意見交換では、①住宅購

4　前掲書、国連環境計画（2010年）を参照。
5　JST（科学技術振興機構）社会技術開発センター「地域に根ざした脱温暖化環境共生社会研究開発領域」採択プロジェクト"快適な天然素材住宅の生活と脱温暖化を「森と街」の直接連携で実現する"

入初期の情報収集の段階で、消費者に天然住宅をその選択肢として認識してもらうためには、消費者目線での共感性を伝えることが有効であること　②住宅購入時に重視した点として、環境配慮に直接関係が深い項目を挙げる日地が少なことから、環境を前面に出しすぎないアプローチからスタートし徐々に理解を深めることが重要であることなどを確認できた。この２つの課題を「相互学習型プラットホーム」での活動（Ex..住宅に絞りすぎない"暮らしごごち"をテーマとした相互学習からスタートする等）を通じ相互学習することで、消費者の購買変容を起こす可能性が示唆された。

1.10.2　他分野での活用

　流通販売者や生産者から多くの情報を消費者へ向けて発信している中で、実は消費者には十分に相手に伝わっていないという構造は、本プロジェクトがテーマにした買い物以外にも多く見られる。例えば、保育や介護といった福祉サービスにおけるサービス提供者と利用者、自動車のメンテナンスサービスにおけるサービス提供者と利用者などの間にも、提供側が当然伝わっていると考えていたことが、利用者には理解されていないということが起こっている。こうした場においても、リサーチャーズクラブのような相互学習型のプラットホームを設置することで、互いに理解を深め、提供側はより質の高いサービスの提供につなげることができるようになり、利用側はサービスの価値を理解し、納得して対価を支払えるようになるといった効果が期待できる。

　更には、環境以外の他のテーマと組み合わせた展開も考えられる。
　フィンランド（ノースカレリア地方）には、1960年代末に"心臓疾患の減少"をテーマとした「ノース・カレリア・プロジェクト」があ

る。このプロジェクトでは、地域・市民組織・スーパーマーケット及び食品工業者などの地域産業が協力し、心臓病の軽減に効果のある食品を開発し普及するなど、生産者・消費者・流通販売者の三者の協働に加え、国や自治体も参画することで、成功に至っている。健康を入口のテーマにしながらそのプロセスの中で旬産旬消など環境問題に関連する要素を組み合わせることも可能である。

また、参画する事業者としては流通販売者だけに限定せずに適用可能であり、例えば商店街の活性化の中に環境の取り組みを加えて実施することが可能である。

以上のように、相互学習型プラットホームでの問題解決はさまざまな応用可能性があり、実践を期待したい。

参考文献

- 日野佳恵子著『「ワタシが主役」が消費を動かす―お客様の"成功"をイメージできますか?』ダイヤモンド社(2009)
- 拙稿[創造経済と地域再生] 大阪市立大学創造都市研究科編 大阪公立大学出版会 pp.47-52(2011)
- 拙稿[創造経済と地域再生2] 大阪市立大学創造都市研究科編 大阪公立大学出版会 pp.44-47(2012)
- Michael E. Porter, Mark R. Kramer:Creating Shared Value,Harvard Business Review, Jan-Feb 2011

メディアへの掲載①

中日新聞　環境と暮らし

脱温暖化へ「おかいもの革命」

スーパーと消費者対話

名古屋で新たな試み

疑問、要望出し学び合う

名古屋市のスーパーマーケットを舞台に、消費者と流通販売業者が協働して、低炭素型社会の暮らしに密着した「買い物」を通じて、地球の脱温暖化を進める。名付けて「おかいもの革命！リサーチャーズクラブ」。日々の実現を目指す試みが始まった。
（境田未緒）

「賞味期限切れの牛乳はどうやって処分してるの」「愛知産の野菜コーナーを充実してほしい」。九月下旬、名古屋市千種区の大型スーパー「アピタ千代田橋店」。買い物客でにぎわう店の一角に、リサーチャーズクラブの第一回ミーティングが開かれていた。

素朴な疑問や要望を出し合う。「化粧品やサプリメントをサンプルで試せるとうれしい」「総菜などの食材の産地が知りたい」など、出されたトレーに関するものが目立った。

同クラブの活動は、科学技術振興機構（JST）に採択された研究開発プロジェクト「名古屋発・低炭素型買い物・販売・生産システムの実現」（受託・日本福祉大、椙山女学園大）の一環。アピタを経営するユニー（本社愛知県稲沢市）が共催している。

メンバーは、公募で選ばれた二十～七十代の女性八人。来年三月まで、初回に出された意見や疑問などをプロジェクトに反映させていくことが結果的に環境への貢献につながと月一回のミーティングするなどを通して、店内や商品の表示、品ぞろえ、売り方などを考え、実現していく経験。ざっくばらんに話していく。意見は、店の商品開発や販売員も参加する。

担当者の大藪友子さんプロジェクトを統括するプロジェクトディレクターの永

井鞠子・大阪市立大准教授（62）は「下々に気付かれた活動につながっていくこれからが正念場。気軽に聞けるような場所であってほしい」と指摘。消費者とスーパーが対等な立場で学び合い、話し合うことに意義があると説明する。

メンバーの一人、名古屋市名東区の大藪友子さん（52）は「取り寄せた衣料などはどうなっているのか、これまで疑問があっても聞けずにいた。新商品も作られているという、同千種区の大野香織さん（46）も「互いに話して熱心に取り組み、環境情報を公開しているメーカーを選ぶ」と意識しているとう結果も出ている。

「エコ」より「鮮度」重視

「幸せ感」演出も必要

二年前から始まった「名古屋発・低炭素型買い物・販売・生産システムの実現」プロジェクトでは昨年二月、アピタ千代田橋店の来店者にアンケート（有効回答千七百十五人）を実施した。その結果、一人一人が環境に配慮することが「必要」と感じている人は、「非常にそう思う」「ややそう思う」合わせて71％、「時々そう思う」を合わせると三割だった。

調査から、消費者の環境意識と実態の行動に違いがあることが分かった。女性対象の別の調査では、「エコ」より「鮮

度」を意識する人が多いという結果も出ている。プロジェクトに加え、「おかいもの革命」にメンバーになって暮らしを前向きに考えることで、消費者が「幸せ感を感じる」ような買い方や低炭素型商品の提案などにも取り組んでいく。

2010年10月18日　中日新聞朝刊掲載

第2章　実践事例1：ユニー（株）との協働事例

リサーチャーズクラブ（ユニー）

2.1　協働事例の概要について
　2.1.1　全体概要
　2.1.2　協働企業および実施店舗について

2.2　実施の流れ
　2.2.1　メンバーの募集
　2.2.2　メンバーの決定
　2.2.3　ミーティング
　2.2.4　デモンストレーション
　2.2.5　情報発信

2.3　3つのテーマによる取り組み
　2.3.1　ワークショップによるテーマ決め
　2.3.2　テーマ1/容器包装
　2.3.3　テーマ2/食
　2.3.4　テーマ3/エコ商品・PB商品

2.4　協働実施を終えて

2.1 協働事例の概要について

2.1.1 全体概要

　ユニー（株）と協働で実施したリサーチャーズクラブ（以下、本章で述べるユニー（株）と協働で実施したリサーチャーズクラブはRCと言う。）は、消費者であるRCメンバーと流通販売者であるユ

図表2-1　活動風景

ニー(株)をメインとしたコミュニティである。2010年9月に発足し、2011年3月までの約半年間、18名のRCメンバーとユニー（株）が7回のミーティングを重ね、学び合いながらより良い買い物の実現をめざし、共に活動した。RCメンバーは、「容器包装」「食」「エコ商品・PB商品」の3つのテーマに分かれ、ユニー（株）と意見交換をしながら自分たちの疑問をベースに学習し、その成果を店頭で表示するなど、一般の来店者へデモンストレーションを行った。

2.1.2 協働企業および実施店舗について

ユニー（株）は、愛知県稲沢市に本社を置く、大手流通販売企業である。2008年4月には業界トップランナーとして「エコファーストの約束」[1]を環境大臣と交わし、食品リサイクルや容器包装の削減、地球温暖化防止に向けた取り組みを積極的に推進している。RCは、名古屋市千種区にある「アピタ千代田橋店」を対象店舗として実施した。この店舗を選択した理由は、ユニー（株）の中で環境に関する取り組み実績が多く、また周辺住人の環境意識が高いエリアであるため、取り組みやすい店舗であると判断した。

RCは、ユニー（株）とおかいもの革命プロジェクト事務局間で、趣旨の確認、実施店舗の選定、体制の確立など経営層および現場サイドとの複数回に及ぶ打ち合わせを重ねながら、半年間の活動を実施した。ユニー（株）の窓口には環境社会貢献部が立ち、社内の調整および本プロジェクトとの調整を行った。

2.2 実施の流れ

2.2.1 メンバーの募集

RCメンバーの募集は、おかいもの革命プロジェクトが過去に対象店舗で実施した大規模アンケート調査の回答者（女性に限定）を対象に行った。また、対象店舗の利用頻度が低い、もしくは未利用者の意見も取り入れることで、偏らない新鮮な目線で意見交換ができるよ

1　企業の環境保全に関する業界のトップランナーとしての取組を促進していくため、企業が環境大臣に対し、地球温暖化対策、廃棄物・リサイクル対策など、自らの環境保全に関する取組を約束する制度。

う、愛知県在住の女性生活者を女性マーケティング専門会社に依頼して募集した。募集するにあたって、環境に興味・関心が高い層に応募者が偏らないよう、第 1 章で述べたように、環境問題を前面に出さず、身近な暮らしや関心のあるテーマから買い物を考える活動であることが伝わるよう告知を行った（**図表 2-2**）。また、ミーティングに参加するごとに、対象店舗で使える商品券 3,000 円分を謝礼として渡すこととした。

　RC は新しい形態の活動であり、興味があっても活動のイメージが掴めず、すぐに参加を決めづらい。今回は、活動内容や運営主体についても知ってもらう目的で、事前説明会を開催した。事前説明会は、幅広い層の人が RC に参加できるよう、対象店舗および名古屋市中心部において、日中・夕方と分けて 3 回開催し、全 38 名が参加した。

　応募は、パソコンもしくは携帯電話から RC のホームページにアクセスし、応募フォームより応募者の情報（年齢、職業、住所、買い物の頻度、趣味、興味関心など）を入力し送信してもらった。

図表 2-2　リサーチャーズクラブメンバー募集時に作成したポスター

2.2.2 メンバーの決定

　RC への応募者は、3 週間ほどの短い募集期間であったにも関わらず、78 名にも上った。年代、職業、利用頻度、趣味、応募動機などから、様々なタイプの女性生活者がメンバーとなるよう、18 名を選出した。78 名の応募者の応募動機をカテゴリー分けした結果は**図表 2-3** の通りである。

　参加者の応募動機は、「学びたい」「意見がある」「貢献したい」など、積極的な理由が多く見受けられた。

学びたい	21 名
意見がある	17 名
貢献したい	16 名
自己実現（自分が○○したい）	12 名
興味がある	4 名
環境に関心がある	3 名
楽しそう	3 名
面白そう	2 名

図表 2-3　RC への応募動機

2.2.3　ミーティング

　選出した 18 名の RC メンバーとユニー（株）、およびおかいもの革命プロジェクト事務局が、毎月 1 回、土曜日の午前中（10 時～ 12 時）に、直接顔を合わせたミーティングを行った。今回は全 7 回（2010 年 9 月～ 2011 年 3 月までの 6 カ月間）の開催であった。ミーティングは、一般の来店者にも活動の様子を発信できるよう、店内のエレベーターホール前のオープンスペースで実施した。

　ミーティングでは、まず、「スーパーマーケットの買い物時に感じ

る素朴な疑問」について自由に意見を出し合い、それに基づいた現場調査やヒアリング等を行った。これにより、今回 RC で取り扱うテーマを 3 つに絞り込んだ。その後、メンバーがテーマごとに 3 つのチームに分かれ、それぞれのテーマに関連するユニー（株）の担当者と意見交換を行いながら、買い手と売り手双方が学び合い、より良い買い物の実現を共に目指し議論を深めた（**図表 2-4**）。

図表 2-4　ミーティングの様子

2.2.4　デモンストレーション

　RC のミーティングで積み重ねた「より良い買い物」の議論の成果を、実際の店舗を使いデモンストレーションし（実施期間：2011 年 2 月 27 日～3 月 31 日）、一般の来店者へ体感してもらうこととなった。

図表 2-5　デモンストレーションの様子

各売り場でのデモンストレーションに加え、3つのテーマそれぞれをまとめてPRする拠点を設置し、来店者へ分かりやすく活動の成果を訴求した（**図表2-5**）。

また、メンバー自らが来店者の反応をうかがうためのインタビュー調査も実施した。

2.2.5 情報発信

RCの活動期間中、情報発信を積極的に行った。情報発信は大きく分けて「地域への情報発信」「対象店舗内への情報発信」「メンバー発の情報発信」の3つのカテゴリーで行った。

「地域への情報発信」では、広く名古屋地域へRCを発信するため、立ち上げ時やデモンストレーション時にマスコミ各社へプレスリリースを行った。その結果、愛知県下で購読率の高い「中日新聞」、および名古屋に本社を置く地元テレビ局「東海テレビ」より取材を受け、広く地域へRCの活動について情報発信を行うことができた。

また、RCの成果を発信するために、RC終了時の2011年3月に、「お買い物から心地よい暮らしを考えるフォーラム」を開催した。

「対象店舗内への情報発信」では、来店者へRCの活動経過を知ってもらえるよう、ミーティングごとにポスターを作成し店舗内に掲示した。また、ポスターと合わせて、メンバーが執筆したニュースレターも発行した。

「メンバー発の情報発信」では、RC専用のブログを立ち上げ、ミーティング以外でもメンバー間の交流が保てるように、またその様子を一般の人も閲覧できるよう公開した。さらに、メンバーの周辺の人にもRCを認知してもらえるよう、メンバー限定のノベルティーとして「缶バッチ」を作成し、身につけてもらえるようにした。

【ニューズレター】

【ポスター】 　　　　【ウェブサイト】

【キャラクター&ロゴ】 　　　【ノベルティー】

図表2-6　情報発信ツール

上記情報発信には、買い物かごをモチーフにしたロゴマークや、おしゃれで賢い主婦をイメージしたキャラクター「リサコ」も取り入れ、統一感のある発信を心掛けた（**図表 2-6**）。

2.3 3つのテーマによる取り組み

2.3.1 ワークショップによるテーマ決め

まず、第1回目のミーティングにおいて「スーパーマーケットでの買い物時に感じる素朴な疑問」を手始めに、自由に意見を出し合うワークショップを開催した。RCを進めるに当たり、初めからテーマを決めず、参加メンバーと一緒に決めるプロセスを踏むことで、共感しやすく取り組み意欲が湧くテーマの選び方を大切にした。

テーマ決めは、4つのグループに分かれ、1付箋に1意見を書いてもらい、出された付箋をカテゴリー分けする「カード集類法」を使って行った（**図表 2-7**）。その結果、メンバーからは「野菜に『今が旬』のように貼ってほしい」「野菜の長持ち方法を知りたい」「魚をさばい

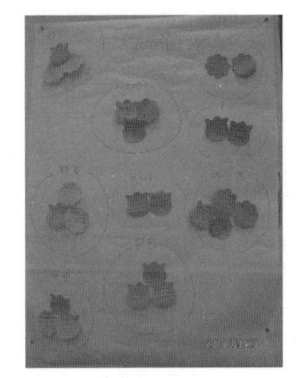

図表 2-7 テーマ決めの様子

番号	意見	大テーマ
1	野菜に「今が旬」のように貼ってほしい	食品
2	野菜の冷凍方法等を棚、もしくは包装等に表示してほしい	食品
3	野菜（レタス、ほうれん草等）の保存はどうしたらいいか知りたい	食品
4	新鮮な野菜の長持ち方法を知りたい	食品
5	野菜が収穫されて、店頭に並ぶまでの日数を知りたい	食品
6	トマト、ナスなどピッチリパック（ラップ）してあり鮮度がわかりにくい	食品
7	野菜の少量パックを用意してほしい	食品
8	不揃いの野菜なども常に売ってほしい（形の悪いもの、少しのキズなど）	食品
9	じゃがいもと玉ねぎは悪くなっていると嫌なので袋入りを買いたくない	食品
10	愛知県産（特に地元近郊）の野菜コーナーを充実させてほしい	食品
11	おそうざいなど、加工品の食材の産地が知りたい	食品
12	おそうざいに使われているお肉やお魚は国産か知りたい	食品
13	おそうざいはなぜ揚げ物が多いのか知りたい	食品
14	おそうざいコーナーのメニューはどのように考えているのか知りたい	食品
15	売れ残った商品や賞味期限切れになった商品は、どうなるのか知りたい	食品
16	健康のために、肉の骨付きや魚の切り落としを売ってほしい	食品
17	20時30分にお魚は安くなるけれど肉はどうしてならないのか知りたい	食品
18	少し高くてもおいしい"ほっけ"を売ってほしい	食品
19	魚介類のトーレサビリティがほしい。乱獲されていないものか知りたい	食品
20	賞味期限切れの液体物（牛乳とか）はどう処分しているのか知りたい	食品
21	値引きのついた商品はどんどん安くなるが、それでも売れ残るとどこにいくのか知りたい	食品
22	特売や限定100個等の個数を増やしてほしい	食品
23	食品でも衣料品でも安すぎるものは本当に大丈夫なのか知りたい	食品
24	調味料の列にレシピを置いてほしい	食品
25	テレビで紹介された料理はその日に作ることが多い	食品
26	レシピコーナーでエコにつながるレシピ、ムダをなくすメニューをもっと充実してほしい	食品
27	なめこに賞味期限が書いていないので書いてほしい	食品
28	食品工場がどうやって材料から作っているか見学してみたい	食品
29	冷凍食品で、添加物が少ない商品を売ってほしい	食品
30	賞味期限が当日というのがあるが、あまりおかないでほしい	食品
31	遅い時間に行くとない品が多いと思う	食品
32	試食コーナーは不衛生なので置きっぱなしにしないでほしい	食品
33	パン屋さんの売り場にフタをつけてほしい	食品
34	GOPANの試食会やGOPANカフェができてほしい	食品
35	お米のパスタやパンをもっと売ってほしい	食品
36	お魚をさばいてくれた後、トレイじゃなくビニールに入れてほしい	ゴミ・容器包装
37	魚や肉のトレイがかさばってじゃまになるので、ラップでくるんでほしい	ゴミ・容器包装
38	お肉やお魚のトレイはやめてほしい	ゴミ・容器包装
39	スーパーはビニール袋（ロール）を多く置きすぎると思う	ゴミ・容器包装
40	食品パックに入っているのにさらに、トレイに入れラップまでしてあるのでやめてほしい	ゴミ・容器包装
41	トレイのいらない商品はバラ売りしてほしい	ゴミ・容器包装
42	ハクサイやネギなどで自分のエコバッグが汚れるので、新聞紙などで包みたい	ゴミ・容器包装
43	入り口によるトレイ回収は本当にすべてリサイクルされているか知りたい	ゴミ・容器包装

図表2-8　ワークショップで出た意見①

第2章　実践事例1：ユニー（株）との協働事例　45

番号	意見	大テーマ
44	肉をトレイなしにして、ビニール袋もごみになるから通い容器にしてほしい	ゴミ・容器包装
45	お肉や魚のトレイはリユースできないのか知りたい	ゴミ・容器包装
46	レジ袋代はどこへ行ったか知りたい	ゴミ・容器包装
47	レジ袋代は集めてどうなるのか知りたい	ゴミ・容器包装
48	廃棄量を減らすためにスーパー側はどんな仕入れをしたりしているのか知りたい	ゴミ・容器包装
49	実は捨て方のわからないゴミはたくさんあるので教えてほしい	ゴミ・容器包装
50	資源ごみはスーパーに出すのか地域に出すのかどちらがいいのか知りたい	ゴミ・容器包装
51	アルミ回収にアルミ箔を出してもいいのか知りたい（ラップのカッター部分とか）	ゴミ・容器包装
52	ペットボトルキャップがワクチンになる取り組みが有名だが、この店の回収箱はわかりにくいと思う	ゴミ・容器包装
53	卵のパックのリサイクルを拡充してほしい	ゴミ・容器包装
54	衣服のリサイクルの引き取りで、どうしてラメ入りの物はダメなのか知りたい	ゴミ・容器包装
55	牛乳パックをリサイクルする時のために、箱に切り線をつけてほしい	ゴミ・容器包装
56	ダンボールの代わりのコンテナは衛生的なのか、消毒してるのか知りたい	ゴミ・容器包装
57	ペットボトル飲料の容器を、何か別なものにできないのかと思う	ゴミ・容器包装
58	エコ商品が目に入りにくいのでわかりやすくしてほしい	エコ商品・ＰＢ商品
59	実際、通常商品とエコ商品どちらが売れているか知りたい	エコ商品・ＰＢ商品
60	エコ商品が高いのはなぜか知りたい	エコ商品・ＰＢ商品
61	いろんな場所でエコバッグを配りすぎなのでやめてほしい	エコ商品・ＰＢ商品
62	エコ商品はなぜ割高か知りたい	エコ商品・ＰＢ商品
63	シャンプーやリンスの詰め替えが割高なので量り売りしてほしい	エコ商品・ＰＢ商品
64	洗剤、シャンプー等容器本体よりつめ替えの方が単価が高い理由を知りたい	エコ商品・ＰＢ商品
65	PB商品のヒートタイプの肌着をもっと伸縮性のある素材にして欲しい	エコ商品・ＰＢ商品
66	プライベートブランド＝安いというイメージがあるが、品質がどうなのか知りたい	エコ商品・ＰＢ商品
67	PB商品のメーカーの選定方法を知りたい	エコ商品・ＰＢ商品
68	PB商品で売り上げトップなのは何か知りたい	エコ商品・ＰＢ商品
69	スーパー内の家電製品は売れているのか知りたい	日用品等
70	枕や布団は自分の身体に合ったものを買いたいが、合う物が見つけにくい	日用品等
71	化粧品やサプリメントなどはサンプルで試せるようにしてほしい	日用品等
72	もっとシンプルな子ども服があったらいいなと思う	日用品等
73	レジで、広告の品の商品が売り切れになったことがわかるようにしてほしい	その他
74	コンシェルジュサービスがほしい	その他
75	店にない物で、欲しいものがあった時、取り寄せてもらえるシステムがほしい	その他
76	ポイントカードをもっとわかりやすくPRしてほしい	その他
77	"増量"ということばに引きつけられる	その他
78	ママ友ができるイベントがあったらいいなと思う	その他
79	店内の照明が少し暗いと感じる	その他
80	トイレのクリーナージェルの量を使いすぎだと思う	その他
81	エレベーターの上下作動のロスはないのか知りたい	その他
82	障害者用駐車場にとまっている車は本当に障害者の方が利用しているか知りたい	その他
83	子どもがあそぶ広場にもっとおもちゃがあったらいいと思う	その他
84	子ども用カートは汚れていると感じるが、清掃されているのかも知りたい	その他
85	カートを回収する人はなぜ男性高齢者なのか知りたい	その他

図表 2-9　ワークショップで出た意見②

てもらった後、トレイじゃなくてビニール袋に入れてほしい」「廃棄物を減らすためにスーパー側はどんな仕入れをしているか知りたい」「エコ商品が高いのはなぜか知りたい」など、意見や要望、疑問などが多く出された（**図表 2-8, 2-9**）。これらの意見を見ると、その多くが"環境"に関連する内容であることが見て取れる。

　この結果より、事務局とユニー（株）が、メンバーの意見をカテゴリー分けしたうえで、短期間で取り組みやすく実現可能性の高いテーマとして、「容器包装」「食」「エコ商品・PB 商品」の３つを選定した。RC メンバー 18 名は、それぞれ 6 名ずつに分かれ 3 つのテーマに取り組むこととした。

2.3.2　テーマ 1/ 容器包装

　「容器包装」について、ワークショップではゴミ削減の観点から、大きく分けて「食品トレイ」「容器包装のリサイクル」の 2 つに関連する意見が出された。「食品トレイ」については、"不要"と考える意見が圧倒的に多く、また、「容器包装のリサイクル」については、ゴミの処分方法および店舗におけるリサイクルの取り組みに対する疑問が多く上がった。これらの意見を踏まえ、ユニー（株）の容器包装に関連する担当セクションである環境社会貢献部担当者と、RC メンバーが意見交換および店舗調査を行った。

　はじめに、「食品トレイ」について、ユニー（株）担当者からは「鮮度や形状の維持、見た目などの観点から、食品トレイは適している」との説明があった。当初、トレイは不要であると考えていたメンバーが多かったが、実際に店舗においてトレイを断って魚を購入してみたところ、見た目の悪さに加え扱いにくく、トレイの必要性を実感したとの意見が出された。このことから、魚や肉のトレイは必要であると

考える人が多いとも予想され、削減を呼び掛けるより、回収やリサイクルを呼び掛けることが必要であることが話し合われた。そこで、まずは食品トレイについてどのように感じているか一般の来店者の声を聞き、さらには、食品トレイをどの程度リサイクルしているか、確認してみることになった。

一方、「容器包装のリサイクル」について、まず、店内には「過剰包装」と思われる商品があり、それらを無くすことはできないかとの意見があがった。そこで、取り扱いやすいPB商品について、過剰包装と感じられる商品を全て選びだし、PB商品の中にどの程度過剰包装の商品があるか調査を行うことにした。その結果、ユニー（株）が取り扱うPB商品は、簡易包装の商品が多く存在していることが分かり、簡易包装商品をもっとPRしてはどうかとの意見が出された。さらに、PB商品の中でも、過剰包装と思われる商品については、その必要性を一般の来店者へ調査することにした。加えて、メンバーが店舗で実施されているリサイクル活動の様子を学び、改めて店内を確認した。その結果、食品トレイは100%リサイクルされていることや、バイオマスプラスチックが個別回収されていることなど、新たな気づきや学びがあった。このことから、店舗におけるリサイクルの取り組みが消費者にきちんと伝わっていないことが予想され、メンバー目線で消費者に分かりやすく店舗内のリサイクル活動の取り組みを伝える方法を検討することになった。

以上の流れを受け、デモンストレーション実施前に、「食品トレイは必要か不要か」「リサイクルステーションを利用しているか否か」「個包装派か、シンプル包装派か」を一般の来店者へ問うYes・Noパネル調査を行った（**図表2-10**）。その結果、食品トレイについては「不要」が「必要」よりも上回り、リサイクルステーションの利用については、

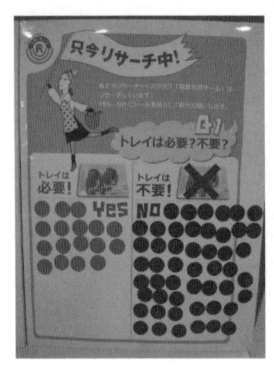

図表 2-10　パネル調査結果（抜粋）

「利用している」と「利用していない」が半数ずつという結果となった。個包装・シンプル包装についても、おおよそ半数ずつに意見が分かれた。

　この結果を受け、デモンストレーションでは、調査した PB 商品の中から簡易包装の商品を選び出し、メンバー目線で検討した 4 つのポイント、①「余分な箱はありません」②「ぜひ詰め替えを」③「ジッ

図表 2-11　POP の設置風景とポスター

パー付きで保存ができます」④「エコですぐに食べられます」をデザインした POP を該当する商品の POP 横に設置し、簡易包装商品の訴求を行った。一方、食品トレイについて、Yes・No パネル調査では半数以上の人が「不要」と答えたが、リサイクルステーションの利用率は低いことが分かった。そこで、現在店舗で行われているリサイクル活動について、その取り組み内容をメンバー目線でわかりやすく1枚のポスターにまとめ、店内に掲示した（**図表 2-11**）。

食品トレイについては、メンバーの興味・関心が高く、パネル調査でも「不要」と回答した消費者が多かったことから、RC 終了後も引き続き、食品トレイをテーマにした消費者との新たな活動を、本プロジェクトとユニー（株）が協働でスタートさせることとなった。これについては、第 4 章に記述する。

2.3.3　テーマ 2/ 食

「食」について、ワークショップで多くの意見があがり RC メンバーの関心度が高かった「野菜」にテーマを絞ることとした。メンバーからは「野菜の旬」について疑問や意見が多く出された。そこで、まずは売り場調査および、青果担当バイヤーとの意見交換を行った。その結果、昔はその地域でとれる野菜だけが「旬」として販売されていたため店に行けば旬が分かったが、現在は流通が発達し、また消費者ニーズもあり、近隣の野菜だけでなく遠く離れた場所で生産された新鮮な野菜も店に多く並んでいるため、「旬」が一概に表現しづらい状況となっていることが分かった。また、「旬」の野菜が必ずしも安価であるとは言い切れず、需要量と供給量のバランスで値段が上下することもヒアリングから明らかになり、RC メンバーにとっては大きな学びになった。また、旬の野菜は栄養価が高いと一般的に言われているこ

とに対し、「ビタミンたっぷり」や「美容に良い」などの表示は、薬事法に抵触する場合があるため表示しにくいなど、野菜の情報表示についても学びがあった。さらに、野菜の流通について、店舗ごとで仕入れるか、一括して中央で仕入れた野菜を店舗に振り分けるかなど、企業や店舗によって野菜の流通方法が異なるとの説明を受け、消費者が野菜を購入する際に意識する「鮮度の良さ」に通じる店舗側の取り組みについても学んだ。

　これらの意見交換や学びを踏まえ、RC メンバーからは、「『旬』という表示がしづらくとも、旬の度合による表示や、『バイヤーおすすめ』などと表示がされていると購入意欲が高まる」「ストーリー、ヒストリーなど顔が見える表示が良い」「旬について、日本の季節の豊かさや食文化などを合わせて伝えられるような表示はどうか」などの提案が上がった。

　以上の流れからデモンストレーションでは、「愛知県産の旬野菜（露地栽培の野菜）」にスポットを当てることにした。「愛知県産」は、輸送に関するエネルギーが抑えられ（地産地消）、「旬野菜」は、加温・

図表 2-12　POP と設置風景

加冷に関するエネルギーが抑えられるため（旬産旬消）、CO_2 排出量の観点からも貢献が可能である（野菜の購買と CO_2 排出量の関係については、第6章、第7章を参照）。対象野菜は、デモンストレーションを実施する時期に仕入れ可能な愛知県産の旬野菜5品目（キャベツ、ハクサイ、ブロッコリー、ホウレン草、ネギ）とした。

　これらの野菜に対し、メンバー目線で考えたオリジナル POP を作成し、売り場へ設置することで来店者へ訴求を行った。オリジナル POP は、"リサーチャーズクラブがおススメしている野菜" という切り口にし、それぞれの野菜について下ごしらえや保存方法に関するワンポイントを、目を引くイラストを交え表示し、メンバー自らが考えたオリジナルレシピ写真を掲載した。レシピは、POP 近くに設置するとともに、詳細をウェブサイトでも見られるようにし、POP にリンク先 URL を掲載した（**図表 2-12**）。

2.3.4　テーマ 3/ エコ商品・PB 商品

　「エコ商品・PB 商品」について、ワークショップでは「エコ商品がなぜ割高なのか？」「そもそもエコ商品とはどんなものか？定義はあるのか？」などエコ商品に関する疑問が多くあがった。また、PB 商品について、「安いイメージがあるが、品質はどうなのか」「どのような商品が売れているのか」、また、「昨今企業では PB 商品を多く販売しているが、もうかるのか？」などの素朴な疑問も出された。これらを確認するために、まず、売り場調査および商品開発部担当者との意見交換を行った。その結果、「エコ商品のパッケージが分かりにくい」「価格が高いと環境に良いと思っても買わない」などの意見があがった。また担当者からは、「PB 商品はナショナルブランドと比べるともうけは多いがリスクが高い」という説明を受けた。RC メンバーからは、

「エコ商品の付加価値をもっとわかりやすく提示してはどうか」「高いなら高い理由がわかるといい」などの提案があがった。

　これらを踏まえ、RCメンバー自らがいくつかのエコ商品とPB商品をお試しし、その感想をまずはRCメンバー内で共有することとした。お試しした商品はPB商品である「ドレッシング」「食器洗剤」、エコ商品である「ハンドソープ」など全7種類であった。その結果、PB商品について、多くのRCメンバーがナショナルブランドよりも下位品であるとの認識を持っていたが、実際に使ってみることで良さを実感できた商品もあり、PB商品に対する見方が変化したという声が多数あがった。これは、お試しすることに加え、商品開発部担当者から、外装やPOPだけでは把握できない情報も教えてもらい、直接対話をすることで学びや発見を得ることができたためであると考えられる。一方、エコ商品については、どこが「エコ」なのか、たとえば省資源やゴミ減量など、どの点からエコに貢献しているかの情報が足りないという意見が上がった。

　以上の流れからデモンストレーションでは、お試しした7種の商品の使用感についてRCメンバーの手書きコメントと、その商品について5段階で評価し、おすすめ度を★（星印）の数で表記した「RC

図表2-13　POPと設置風景

リアルボイス」をPOPに掲載し、それぞれの商品横に設置することで、他の消費者に訴求を行った。リアル感を出すために手書きにし、また、正直な使い心地に関する意見を1商品3人ずつ書いてもらうことで、様々な意見があることが伝わるように配慮し、加えて、商品それぞれの特徴やPRポイントを掲載した（**図表2-13**）。

2.4 協働実施を終えて

　以上の取り組みを経て、第7回目の最終ミーティングでは、約半年間のRCの活動を振り返るワークショップを行った。「半年間のRCの活動を通して買い物やスーパーの見方が変わったこと」および「消費者と流通のより良い関係を作るには」の2つのテーマについて意見を出し合った。

　1つ目のテーマについて、メンバーからは、「PB商品に注目するようになった」「今までよりPB商品を購入するようになった」「ゴミに対する意識が変わった」「スーパーが身近になった」「この店がより好きになった」「同僚にこのスーパーは100％リサイクルしていることをPRした」「他のリサイクルステーションをチェックするようになった」など、意識変容や態度変容、および行動変容が見られ、さらには、店に対する愛着につながる意見が多く出された。環境問題を前面に出さず、身近な暮らしや関心のあるテーマを切り口に買い物を考える活動であったが、結果的には「環境」につながる意識や態度・行動の変容が多く見受けられた（RCメンバーの変容については第5章で詳しく述べる）。

　また、2つ目のテーマについて、メンバーからは、「売る側と買う

側のアドバイザー的存在を置いて消費者の声を拾う」「なんでも気軽に聞ける案内役がいると良い」「わずらわしくないレベルで、客と店員のコミュニケーションが取れる」などの意見が出され、店側とより一層コミュニケーションの取りやすさを求める声があがった。

ユニー（株）の担当者からは、「お客さまに十分伝わっていると思っていたことがここまで伝わっていなかったことに驚いた」「お客さまが求めている情報とこちら側が伝えている情報にギャップがあることが分かった」「『環境』を本業の中でどう取り組んでいくか経営課題として検討しなければいけない」など、消費者とのコミュニケーションに対する課題および環境経営に関する課題が出された。

そして、本取り組みを契機に、ユニー（株）が環境配慮型プライベートブランド「eco!on」に関する商品開発の場へ、RC メンバーの参加を申し出るなど、事業への影響を与えた。さらには、食品トレイにとってかわる新しい容器包装を使用した肉の販売実験を、引き続き消費者の声を取り入れながら協働実施することを決定するなど、広がりを生み出すことができた。

こうした結果より、RC のような相互学習型プラットホームを体験することが、消費者および流通販売者の環境意識や態度、行動を変えるきっかけになりうることが見て取れた。

[コラム]

「リサーチャーズ」はユニーのチアーリーダー

ユニーグループ・ホールディングス（株）
グループ環境社会貢献部長　百瀬則子

　「お買い物」が地球を守る！ユニーの環境社会貢献の目指す、バリューチェーン全体で持続可能な社会構築に貢献するという目標達成を、リサーチャーズが応援してくれています。

　ユニーは中部・関東地方を中心に229店舗でスーパーを展開している、チェーンストアです。全国展開のチェーンストアと比べて、地域に根付いた企業活動を目指していますが、「消費者」「生産者」とユニーのコミュニケーションが生かされた売り場、品揃えについて、現場で実現することは難しいことでした。

　特に、スーパーでは大量仕入れをするため、野菜などは卸売市場で仕入れ、地産地消優先が難しく、またセルフサービスシステムのため容器包装が必要でした。

　そこにリサーチャーズが「自分達の欲しいもの」「自分達は買いたくないもの」を率直に意見を出して、仕入れ担当や商品開発担当の目から鱗をはがしてくれました。

　現在、ユニーでは環境配慮商品のPB「eco!on」の第三者審査委員会に参加して、「環境に良い商品が欲しいのではなく、好きな商品が環境負荷を低減する」ことを提言し、またそれを「消費者が消費者に伝える」、チアリーダーになってくれています。

　リサーチャーズの応援で具現化した商品や売り方はいくつもあり、特に「トレイを使わない精肉販売」などは、レジ袋削減に次ぐ社会現象になりつつあります。

　また地元産野菜売り場が常設になった店舗や、野菜を全て食べきるメニューを紹介したものなど、「消費者の思いが生産者、販売者」を動かすパワーになったと言えます。

　今後も「生産者ー販売者ー消費者」のコミュニケーションを商品や売り場に反映できるスーパーであり続けるために、「お買い物を通して消費者が変わる」サスティナブルライフスタイルにつながる活動を、リサーチャーズと一緒に進めてます。

リサーチャーズクラブに参加しての感想
河原美和さん
(リサーチャーズクラブ1期, リサーチャーズクラブ・プラス)

Q1　リサーチャーズクラブに参加したきっかけや動機

「地元に根ざした活動」をモットーにすでにエコクッキングなどの環境学習を開催したり、自然保護活動に参加していました。
　地域に根ざした・・・という目的が一致したプロジェクトということで参加させていただきました。

Q2　リサーチャーズクラブの活動の中で印象的だったことや発見したこと

消費者がお店側と一緒になって、同じ目的のもとにディスカッションできたことは、販売者や生産者という立場の考えを共有することができ、とても有意義でした。他国の生産・販売方法とも比較しながら日本ならではの価値観を発見し、そこに問題意識を持ちました。

Q3　リサーチャーズクラブに参加したことで変わったと思うこと

がんばっている生産者・企業を買い支えたり、応援することを心がけていましたが、今まで以上に作り手を意識したり、消費者の社会的責任を考えてお買い物するようになりました。またプロジェクトが進むにつれ、豊かさとは何かを考えたり、多様性について理解を深めることができたように思います。

Q4　低炭素型社会にむけて思うこと

作る人、売る人、買う人、それぞれの立場でひとりひとりの意識改革も必要だと思います。環境負荷のかかる作り方、売り方を減らすには消費者が求めず、まず消費者から変わっていく必要があることを痛感しました。地道ですがこれからもできることをコツコツと行動に移したいと思います。

リサーチャーズクラブに参加しての感想
河野香織さん
(リサーチャーズクラブ1期, リサーチャーズクラブ・プラス)

Q1 リサーチャーズクラブに参加したきっかけや動機

これまで、出産を機に社会から離れ、育児に没頭ていました。育児と家事に明け暮れて過ごす中、いつしか「私も、再び社会と関わりたい」という思いが、ふつふつと芽生えました。そんな中、アピタの環境貢献活動、バックヤードツアーにて、リサーチャーズクラブの活動を知りました。そこで活躍される皆様の姿に憧れ「私も、何か社会に役立つ事をしたい」思い参加しました。

Q2 リサーチャーズクラブの活動の中で印象的だったことや発見したこと

低炭素型社会研究の第一線で活躍される大学の先生、事務局の皆様、そして、企業の方。その活躍される姿が眩しく、同じ目的を見つめ活動ができる喜びでいつも一杯でした。1番の発見は、皆様の素晴らしい生き方を見て、「自分にも低炭素型社会のためにできる事がある」と見つけたことです。生き方の軸が出来たことを、今ではとても感謝しています。

Q3 リサーチャーズクラブに参加したことで変わったと思うこと

お買い物の際には、「これはどこで作られたか」を常に意識するようになりました。というのも、以前は、値段重視であったり、見栄えやパッケージの良い物を、つい選んでいました。それが、今では、地産地消を意識し、国内産の物であったり、近隣農家の作物を選ぶようになりました。食事も野菜を沢山食べるようになり健康的な食事に変わり、家族も「リサーチャーズクラブのおかげだね」と喜んでくれています。

Q4 低炭素型社会にむけて思うこと

リサーチャーズクラブの取り組みから、端を発し、大学、企業、そして、リサーチャーズクラブのメンバーの教育と成長、最後には地域を巻き込んだ大きなムーブメントとなりました。私たちが低炭素型社会に向けて行った活動は、見えない部分で沢山の波及効果を産み、低炭素型社会の実現を後押ししました。今、プロジェクトを振り返り、活動の試金石になれた事を誇りに思います。願う事は、私たちが蒔いた低炭素型社会への種が、関わりを持った人から次の人へ、また次へと繋がり、花開いてくれる事です。

メディアへの掲載②

中日新聞 はぐくむ

買い物からエコ考える

主婦らが商品や包装調査
スーパー店頭に評価を表示

リサーチャーズクラブ RC

消費者とスーパーマーケットの協働で、買い物を通じた環境問題の解決を目指す「おかいもの革命リサーチャーズクラブ」の活動成果が三月末で、名古屋市千種区のアピタ千代田橋店で紹介されている。主婦らが調べたエコ商品や包装などの評価を店頭に表示。期間中、客の購買行動に変化が及ぶかどうかも検証する。（境田未緒）

RCの活動は、地域に根ざした脱温暖化社会の振興機構として、科学技術振興機構に採択されたプロジェクト（受託大学・日本福祉大、大阪市立大、椙山女学園大）の一環。十八人はこの半年間、エコ商品、容器包装、食（野菜）の各チームに分かれて活動してきた。

容器包装チームが調査したのは食品・飲料のPB商品五百点。「あら探しの気持ちもあった」と河原美和さん（49）。メンバーで「ムダな過剰包装はほとんどなかった」「ジッパーつきで便利」など一箱ごとにカードを作成し、箱の食品フロアの包装に配慮したしょうゆや詰め替え用のレトルトカレーや包装の棚に配達が行き届いた商品の棚に「ティッシュペーパー詰め替え用」の棚に掲げられた商品への意欲だ。

公募の女性十八人でつくるリサーチャーズクラブ（RC）のエコ商品・PB商品チームメンバーだ。「エコ商品は割高、PB商品は格下」との先入観を検証しようと、ユニーPB商品から十品目を選んで使用。率直な感想を掲示し、買い物客の参考にしてもらうことにした。メンバーの谷口和香奈さん（46）は「PB商品は安かろう悪かろうのイメージがありましたが、意外といい商品があり、使ってみようと思った」と語る。

食チームは、野菜の流通経路や栽培方法などを学習。今が旬の愛知県産の白菜やネギなど五品目をPRする表示を作り、保存法や活用レシピをまとめて紹介することにした。

「地元の旬野菜は栄養が豊富で、栽培地の加温が長距離輸送もなく、二酸化炭素（CO₂）排出が少ない。表示によって野菜をおいしく、丸ごと食べる輪を広げたい」と話す。藤博志店長は「活動の中で店員も消費者の生の声を聞き、環境や地域を意識する大切さに気付いた」と振り返る。プロジェクトを統括する永田潤子大阪市立大准教授は「学習の場としてのスーパーの可能性を感じる。成果を検証し、ほかのスーパーや業態に波及させたい」と話している。

リサーチャーズクラブの成果発表フォーラムが12日午後1時半から、名古屋市中村区名駅のウインクあいちで開かれる。さまざまな野菜を鍋の中に重ねて蒸し煮する「重ね煮料理」研究家、戸練ミナさんの講演も。無料、先着120人。申し込みはRCホームページ（リサーチャーズクラブで検索）から。

リサーチャーズクラブの活動成果を展示するコーナーも設置されている＝名古屋市千種区のアピタ千代田橋店で

2011年3月4日　中日新聞朝刊掲載

第3章　実践事例２：
　　　（株）ジェイアール東海髙島屋との協働事例

リサーチャーズクラブ（タカシマヤ）

3.1　協働事例の概要について
　3.1.1　全体概要（実施時期、参加者数、実施概要など）
　3.1.2　協働企業および実施店舗について

3.2　実施の流れ
　3.2.1　メンバーの募集
　3.2.2　メンバーの決定
　3.2.3　ミーティング
　3.2.4　デモンストレーション
　3.2.5　情報発信

3.3　２つのテーマによる取り組み
　3.3.1　ワークショップによるテーマ決め
　3.3.2　テーマ1/ 適正包装
　3.3.3　テーマ2/ お買い物基準
　3.3.4　リサーチャーズクラブ終了後の「適正包装」の展開
　3.3.5　リサーチャーズクラブ終了後の「お買い物基準」の展開

3.4　まとめ

3.1 協働事例の概要について

3.1.1 全体概要（実施時期、参加者数、実施概要など）

（株）ジェイアール東海髙島屋と協働で実施したリサーチャーズクラブ（以下、本章で述べる（株）ジェイアール東海髙島屋と協働で実施したリサーチャーズクラブはRC、もしくはRC（タカシマヤ）と表記する。また、前章で紹介したユニー（株）と協働で実施したリサーチャーズクラブはRC（ユニー）と表記し、区別する）は、（株）ジェイアール東海髙島屋と、消費者であるRCメンバーをメインとしたコミュニティである。2011年5月に発足し、2012年1月までの9ヶ月間、（株）ジェイアール東海髙島屋の担当者と12名のRCメンバーが9回のミーティングを重ね、学び合いながらより良い買い物の実現をめざし、共に活動した。RCメンバーは、「適正包装」「お買い物基準」の2つのテーマに分かれ、（株）ジェイアール東海髙島屋と自分たちの疑問や感じたことをベースにより良い買い物を目指した対話や意見交換を進めた。

3.1.2 協働企業および実施店舗について

（株）ジェイアール東海髙島屋は、東海旅客鉄道（株）（JR東海）と（株）髙島屋が協働で創りあげた会社であり、2000年3月15日にオープンした21世紀型の新しい百貨店「ジェイアール名古屋タカシマヤ」を運営している。「ジェイアール名古屋タカシマヤ」は、各フロアの中央に休憩スペース「ローズパティオ」を設置するほか、通路幅を広く、商品棚を低めに設定するなど、来店者がゆったりと買い物を楽しむための空間演出に力を入れている。（株）髙島屋からの紹介があったこと、

店舗が名古屋駅に直結しており名古屋市内のみならず東海地域から多くの来店者を集客していることなどから、地域への発信効果が高いと考え、今回協働企業として協力を得ることになった。

RC を協働実施するにあたり、（株）ジェイアール東海髙島屋とおかいもの革命プロジェクト事務局間で、趣旨の確認、体制の確立など現場サイドとの複数回に及ぶ打ち合わせを重ねながら 9 ヶ月間の活動を実施した。（株）ジェイアール東海髙島屋の窓口には、営業企画部が立ち、社内の調整および当プロジェクトとの調整を行った。

3.2 実施の流れ

3.2.1 メンバーの募集

RC メンバーの募集は、前年度の RC（ユニー）のメンバー募集の際と同様に、おかいもの革命プロジェクトが過去に実施した大規模アンケート調査の回答者への案内送付、女性マーケティング専門会社を通した愛知県在住の女性への募集、RC の WEB サイトへの掲載により行った。また、事前説明会を開催する代わりに、2011 年 3 月に RC（ユニー）の活動成果発表として行った「お買い物から心地よい暮らしを考えるフォーラム」での案内チラシ配布などを行った。

募集するにあたっては、RC（ユニー）と同様に、環境問題を前面に出さず、身近な暮らしや関心のあるテーマから買い物を考える活動であることが伝わるようにした。謝礼や応募方法についても RC（ユニー）と同様とした。

3.2.2 メンバーの決定

RC（ユニー）と同様に年代、職業、「ジェイアール名古屋タカシマヤ」の利用頻度、趣味、応募動機などから、女性生活者12名をメンバーとして選出した。選出する際には、環境意識の高い女性生活者だけでなく、健康や食の安全から教育、ファッションまでさまざまなことに関心を抱く多様なタイプの女性生活者がメンバーとなるよう配慮した。

3.2.3 ミーティング

選出した12名のRCメンバーと（株）ジェイアール東海髙島屋の担当者が、毎月1回、土曜日の午前中（10時～12時）に、顔を合わせてミーティングを行った。今回は全9回（2011年5月～2012年1月までの9カ月間）の開催であった。このミーティングにより、買い手である女性生活者と売り手がお互いに意見を交換しながら学び合い、より良い買い物の実現を共に目指した。

ミーティングでは、まず、「百貨店では過剰な包装が多いのではないか」「お買い物ではどのように商品を選べばよいのか」といったメンバーの素朴な疑問に対して、「ジェイアール名古屋タカシマヤ」の販売員から包装の必要性、長く使える商品を選ぶコツなどについて話を聞いた。さらに、環境に配慮した買い物の推進に取り組む「グリーンコンシューマー名古屋」からも百貨店で販売されている環境配慮型商品などについて話を聞いた。その後、（株）ジェイアール東海髙島屋の担当者とより良い買い物について意見交換を行いつつ、2つのテーマについて議論を深め、その成果については、店頭でのデモンストレーションを実施した。

3.2.4 デモンストレーション

　RCのミーティングで積み重ねた「より良い買い物」の議論の成果は、「ジェイアール名古屋タカシマヤ」における期間限定の催事や売り場のフロアマネジメントなどに活かされた。

　なお、RC（ユニー）の活動では、一般の来店者にもRC（ユニー）の活動に関心を抱いてもらうことを重視して、メンバー自身が掲示物を作成し、さらにメンバーが直接来店者へのインタビュー調査を行っていたが、RC（タカシマヤ）の活動では、百貨店の雰囲気を損なわないことを重視して、メンバーの意見をもとに（株）ジェイアール東海髙島屋が掲示物を作成し、インターネットを利用したアンケート調査を行った。

　例えば、後述するナチュラルビューティスタイル展では、会場内に掲示された適正包装を呼び掛けるメッセージやイラストは、RCの意見を参考にしつつ、催事会場の雰囲気に合うように、（株）ジェイアール東海髙島屋が考案、デザインした。また、アンケート調査は、その場で回答するのではなく、商品を購入したお客様がレシートに書かれた数字をインターネットで入力することで、催事会場以外の場所から回答できるようにした。

3.2.5 情報発信

　情報発信は、RC（ユニー）と同様に「地域への情報発信」「対象店舗内情報発信」「メンバー発の情報発信」の3つのカテゴリーで行った。

　「地域への情報発信」は、愛知県下の購読率の高い「中日新聞」にコラム「お買い物革命」を連載していたプロジェクト代表の永田が連載の中でRCの活動について紹介した。

「対象店舗内情報発信」では、先述した休憩スペース「ローズパティオ」でミーティングを開催（第1回〜第6回。第7回以降は会場の都合上会議室で実施）することにより、多くの一般の来店者に活動の様子を発信した。

「メンバー発の情報発信」は、RC（ユニー）の活動において立ち上げたリサーチャーズクラブ専用のブログを継続して活用した。

3.3　2つのテーマによる取り組み

3.3.1　ワークショップによるテーマ決め

第1回のミーティングにおいて、RC（ユニー）と同様の方法で「百貨店での買い物について日ごろから感じている疑問や気になること」を出し合うワークショップを開催した。ワークショップでは、2つ

図表3-1　テーマ決めの様子

のチームに分かれて意見を出し合った（**図表 3-1**）。

　そして、店内のサービスや設備、売り場など様々なテーマについて疑問や意見が出された中で、特にメンバーの関心が高かった「簡易包装（適正包装）」を1つ目のテーマとして選定した（**図表 3-2**）。「簡易包装」について、メンバーからは、スーパーマーケットではレジ袋の有料化など簡易包装をめざした取り組みが進んでいるのに対して、百貨店では過剰包装となっているのではないかという疑問の声が多く上げられた。

カテゴリ	疑問・気になること（一部の例）
包装	・過剰包装が多いのではないか ・包装は断ってもよいのか ・百貨店ではエコバッグを推進しないのか
サービス	・手荷物預かりサービスを導入してもらえないか ・託児サービスがあるとよいと思う
設備	・店舗は駅と直結、電車の時刻が気になるので時計があるとよい ・なぜ一階にトイレがないのか
売り場	・子ども服売り場がなぜ上の階なのか。ベビーカーで行きづらい ・どうして地下階の売り場通路が狭いのか

図表 3-2　百貨店でのお買い物について感じている疑問や気になること（一部の例）

　また、事務局があらかじめ女性生活者を対象に行っていたアンケート調査（巻末の「お買いものに関するアンケート調査」を参照）において、「最近（特に震災以降）のお買い物で、買い物の仕方について特に意識するようになったことや変化について教えてください。」という質問をしたところ、「震災後、節電のために冷蔵庫にモノを入れ過ぎないよう気をつけるようになった」「無駄なく使いきれる量を買うよう意識するなどお買い物の仕方が変わった」という声が多く出ていたことか

ら、震災が「買い物」についてあらためて見直すきっかけになっており、この変化がエコにもつながっていると考え、「お買い物基準」を2つ目のテーマとして選定した。

百貨店が取り扱う商品の大半は、高額である一方で、品質が高く丈夫であり、たとえ壊れてしまったとしても修理や部品交換を重ねることによって愛着を持って長く使用できることが多い。結果として、経済的なうえに、ゴミを減らして循環型社会の形成に資することができるといえるだろう[1]。百貨店でより良い買い物を実現することが、環境配慮にもつながる可能性があることから、テーマとして取り上げた。

3.3.2　テーマ1/ 適正包装

上述のとおり、テーマ決めにおいて、RCメンバーより、スーパーマーケットに比べて百貨店では過剰包装が多いのではないかという疑問が多く寄せられたことから、1つ目のテーマには「簡易包装」を設定した。そして、現在「ジェイアール名古屋タカシマヤ」ではどのような包装が行われているのか、実際に過剰包装は多いのか、多いとすればその理由はなぜなのかを知るために、店舗内の売り場見学と販売員の方へのインタビュー調査を実施した（**図表3-3**）。

その結果、「ジェイアール名古屋タカシマヤ」では、ギフトサロンで注文を受けている進物においてはエコ包装を積極的に取り入れており、お中元のうちおよそ9割がエコ包装になっているなど、過剰包

---

[1] 「循環型社会形成推進基本法」は、廃棄物処理やリサイクルの優先順位を（1）リデュース、（2）リユース、（3）リサイクル、（4）熱回収（サーマルリサイクル）、（5）適正処分—と定めており、ゴミを減らすことが最も望ましいと考えられている。この3Rに「リフューズ（Refuse＝ごみになるものを買わない）」や「リペア（Repair＝修理して使う）」を加えて「4R」「5R」という場合もあり、循環型社会形成をめざすうえで、買い物のとき、使用しているときからゴミを出さない工夫が重要となる。

図表3-3 RCにおける販売員の方へのインタビュー調査の様子

装が多いというイメージとは異なり、実際には簡易包装の取り組みが進んでいることがわかった。また、一見すると過剰包装に見えたとしても、百貨店では来店者が丁寧な包装、高級感のある包装を期待していることが多いため簡易包装を導入しづらい面があること、スーパーマーケットと比べて遠方からの来店者が多いため、食品の販売では安全性のために保冷剤が欠かせないことなど、その背景には丁寧な包装を必要とする理由があり、必ずしもむやみに不要な包装が行われているわけではないこともわかった。

こうした状況を踏まえて、メンバーと（株）ジェイアール東海髙島屋の担当者とが望ましい包装についての議論を行ったところ、百貨店においては、すべての買い物に「簡易包装」を求めるのではなく、お客様のニーズや安全性に配慮した包装を提供する「適正包装」が求められるのではないかという意見が多くあったことから、テーマ名を「簡易包装」から「適正包装」に変更することにした。

適正包装チームの議論において、RCのメンバーからは、プレゼン

ト用の丁寧な包装を求める来店者の要望に応えたり、食の安全性を守ったりするための包装は必要だと認めつつも、「百貨店側は全ての商品に丁寧な包装を用意しているが、自宅用の買い物や購入後すぐに使用したいときには、包装が不要な場合もある」「包装が不要な場合でも、販売員の方が包装を始めてしまうと断りづらくなる」など、来店者のニーズに合わせて包装を工夫すべきではないかという意見があった。

　一方、（株）ジェイアール東海髙島屋の担当者からは、「包装不要な場合には遠慮なく声をかけていただきたいが、販売員には駐車場の利用の有無、ポイントカードの有無などお客様への確認事項が多いため、

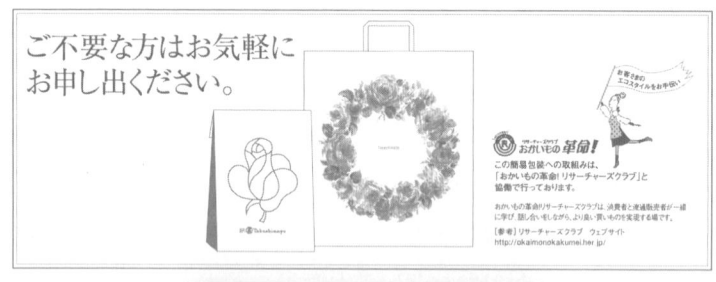

図表 3-4　ナチュラルビューティスタイル展でのデモンストレーションの様子

また販売員は混雑した売り場でお客様をお待たせしないようスピードを重視しているため、お客様よりお申し出がない限り、販売員の側から包装についての細やかな質問を行うことは難しいだろう」という意見があった。

　したがって、適正包装チームでは、包装が不要であるが言い出すことができない来店者と、包装の要否について確認をすることが難しい販売員とのコミュニケーションを円滑にすることで、不要な包装をなくすための課題解決を目指すこととした。その第一段階として、オーガニック商品を中心に扱っており、「ジェイアール名古屋タカシマヤ」の催事の中でも特に環境保全への意識が高い来店者が多いと考えられる企画催事「ナチュラルビューティスタイル展（2011年11月17日〜22日）」において、会場案内のチラシやレジのPOP等に包装が不要な来店者が気軽に申し出ることができるよう呼びかけるメッセージ（**図表3-4**）を表示したうえで、販売員からも、包装が不要な場合には申し出てもらえるように来店者への呼びかけを行った。

　また、実験に関して、ナチュラルビューティスタイル展において何らかの商品を購入した来店者に対し、アンケートによる意識調査（有効回答数：1,487名）を行った。

　その結果、ナチュラルビューティスタイル展において簡易包装（適正包装）の認知度については、取り組みを行っていたことを「知っている（気づいた）」と回答した人は61％、「知らない（気づかなかった）」と回答した人は39％であった（**図表3-5・左**）。そして、回答者が商品購入時に選択した包装形態では、「簡易包装（適正包装）」を選択した人が71％、通常包装やギフト包装を選択した人が29％と、多くの人が簡易包装を選択したことが明らかとなった（**図表3-5・右**）。

　また、当該イベントで簡易包装を推進したことについては、「良い

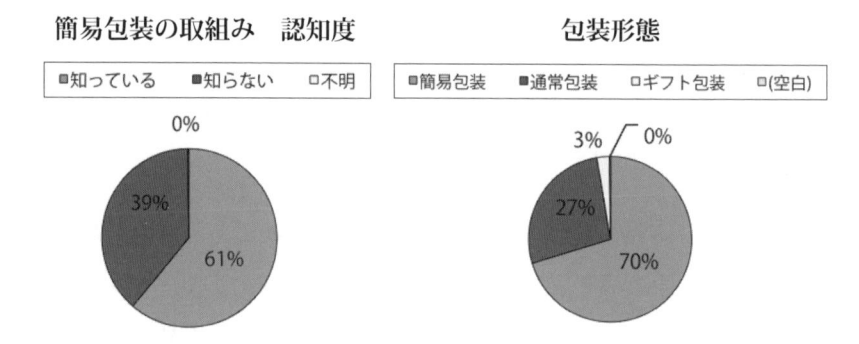

簡易包装の取組み　認知度　　　　　包装形態

■知っている　■知らない　□不明　　　■簡易包装　■通常包装　□ギフト包装　□(空白)

0%
39%
61%

3%　0%
27%
70%

図表3-5　ナチュラルビューティスタイル展　アンケート調査結果

ことだと思う」「これからも進めていってほしい」という賛成・同意の意見が多かったが、それ以外にも、「実施していることがわかりづらかった」とアピール不足を指摘する声、「ギフト用など丁寧な包装が必要なときには、選べるようにしたい」といったように簡易包装は選択肢の一つとすべきという声など、いろいろな意見が寄せられた。

3.3.3　テーマ 2/ お買い物基準

2011年3月の東日本大震災を契機として、社会全体が買い物のあり方を見直しつつあることを背景に、脱温暖化に資する「買い物」についてあらためて考えるべく、2つ目のテーマとして「お買い物基準」を設定した。

お買い物基準チームでは、RC メンバーと（株）ジェイアール東海髙島屋担当者との対話を通して、「無駄な買い物や使い捨てをなくすことが結果として環境負荷を削減し、『幸せ感』を感じられるライフスタイルを実現する」「幅広い品揃えの中からじっくりと商品を選べる対面販売の形態であり、かつ、ロングセラー等長く支持されている商材が多い百貨店では、自分に合った商品、長く使える商品を選びやすいことから、結果として無駄な買い物や使い捨てをなくせる」とい

> 1. お客様（みんな）から広く支持されているもの
> 2. 美味しく栄養価のある料理ができるもの
> 3. メンテナンスが容易で長持ちするもの
> 4. 短時間で料理ができ、省エネを実現するもの
> 5. ひとつのキッチングッズで様々な調理に応用できる使い回しができるもの

図表 3-6　キッチングッズの選び方に関する「お買い物基準」

う共通認識を得た。

　一方で、RC メンバーからは、「自分に合った商品をどのように選べばよいかわからない」「販売員の方が忙しそうで商品について聞きたいことがあっても声をかけづらい」など、百貨店でのより良い買い物について、さらに質の高いサービスを求める声もあった。これに対し、（株）ジェイアール東海髙島屋の担当者からは、「百貨店ではお客様が声をかけやすい雰囲気づくりに努めていたので意外だった」「お客様に気軽に声をかけていただき、くつろいでいただけるような店舗づくりにさらに努めたい」との意見があった。

　こうした意見交換を経て、お買い物基準チームでは、来店者の商品選びをサポートする方策の一つとして、特に商品を選ぶのが難しいという声が多かった「キッチングッズ」を対象として、良い商品を選択するために参考となる「お買い物基準」を策定した。多様なライフスタイルをもつ来店者に対して、どのような視点で商品を選べば「自分に合った商品」「長く使える商品」を見つけることができるかを議論した結果、「多くの人が支持しているもの」「美味しく栄養価のある料理ができるもの」「メンテナンスが容易で長持ちするもの」など、5つの基準を設定した（**図表 3-6**）。

　当初は、多くの商品から5つのお買い物基準を満たした商品を選ん

で紹介することを検討していたが、商品と基準とを照らし合わせながら検討していく中で、「ジェイアール名古屋タカシマヤ」が選び、店頭にて販売している商品は、ほぼすべてが5つの基準を満たしたものであるとわかったことから、お買い物基準は、商品の特徴などと一緒に、来店者の商品選びの参考になるように紹介することとした。

3.3.4 リサーチャーズクラブ終了後の「適正包装」の展開

RCの活動は2012年1月に終了したが、「ジェイアール名古屋タカシマヤ」では、その後もRCメンバーの意見を活かしたフロアマネジメントや店舗実験を行った。

「適正包装」については、ナチュラルビューティスタイル展で適正包装の呼びかけが好評だったことを受けて、地下2階食品売り場においても、適正包装を希望する来店者が気軽に販売員に声をかけることができるようなフロアの改善を行った。具体的には、まず、生鮮食品の集中レジ横にもともと設置していた、日本百貨店協会が作成した「レジ袋不要のお客様へ」のカードを、ベルトパーティションにも設置することで、列に並んでいる最中にカードを取れるようにした（図表3-7）。

図表3-7　レジ前のベルトパーティションへのカード設置

第3章　実践事例2：(株)ジェイアール東海髙島屋との協働事例　73

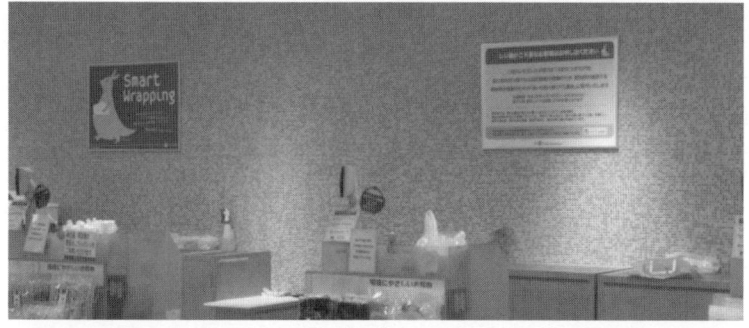

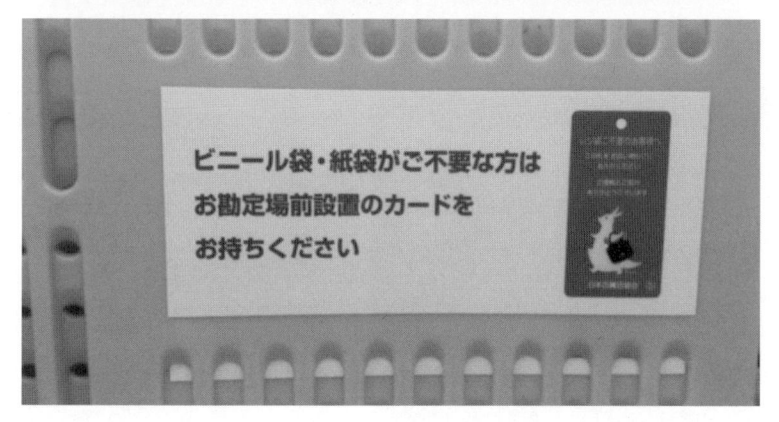

図表3-8　適正包装（エコ包装）のポスターと買い物カゴのメッセージ

　さらに、「Smart Wrapping」のロゴとメッセージを、大きく売り場に掲示して、多くの来店者に気付いてもらうようにしたり、買い物カゴ自体に貼りつけて来店者の目に触れるようにしたりと、包装が不要

な場合に申し出てもらえるような工夫を行った (**図表 3-8**)。

こうしたフロアの改善の結果、包装を辞退した来店者数は前年度の同じ月に比べて、33.8% 増加した。その後も、不要な包装を辞退した購入者の数に応じて、(株) ジェイアール東海髙島屋が「あいち森と緑づくり基金[2]」に寄付を行うなど、必要な場合にのみ包装を行う「適正包装」の推進に積極的に取り組んでいる。

3.3.5　リサーチャーズクラブ終了後の「お買い物基準」の展開

「お買い物基準」については、RC が策定した「お買い物基準」の紹介に加え、「質問があっても販売員に声をかけづらい」という RC メンバーの声を受けて、来店者からの質問が多い内容や商品ごとの特徴についても紹介するタッチパネルを、「デジタル・コンシェルジュ」

図表 3-9　キッチングッズ売り場に設置されたデジタル・コンシェルジュ

2　森と緑が有する環境保全、災害防止等の公益的機能の維持増進のために実施する森林、里山林及び都市の緑の適正な整備及び保全に関する施策に必要な財源を確保することを目的とした基金 (あいち森と緑づくり基金条例　平成二十年三月二十五日条例第五号)

第3章　実践事例２：(株) ジェイアール東海髙島屋との協働事例　75

として、キッチングッズ売り場のリニューアルオープンに合わせて設置した（図表 3-9）。

デジタル・コンシェルジュの内容は、リサーチャーズクラブが考案したお買いもの基準の紹介に加え、忙しさやこだわりなどライフスタイル別のおすすめのキッチングッズの紹介、お客様から質問の多い商品に関する知識などとなっている（図表 3-10）。

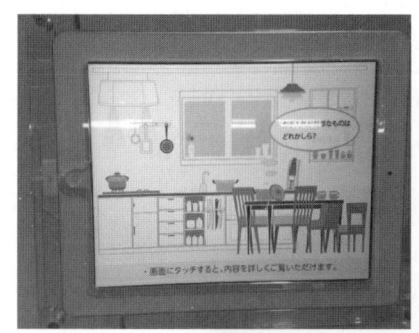

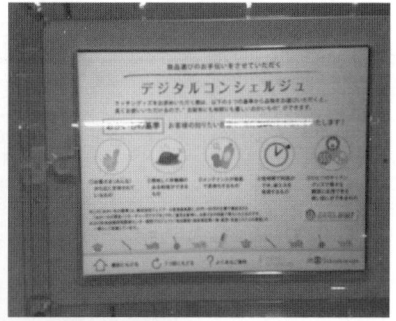

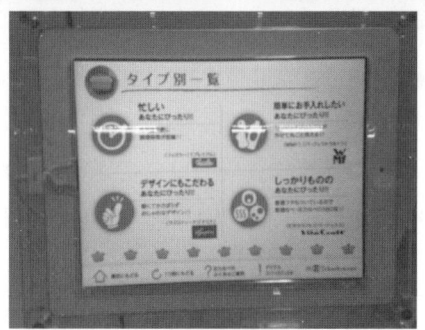

図表 3-10　デジタル・コンシェルジュのトップ画面（左上）
買いもの基準の紹介画面（右上）、タイプ別のおすすめグッズ（下）

3.4 まとめ

およそ9ヶ月間にわたるRCの活動を終え、第9回目の最終ミーティングでは、これまでの活動を振り返るワークショップを行った。「1. RCの活動を通して買い物や百貨店の見方が変わったこと」および「2. 消費者と流通のより良い関係を作るには」の2つのテーマについて意見を出し合った。1つ目のテーマについては、「予想よりも環境に対する取り組みが進んでいたことに驚いた」「お客様アンケートなどが、きちんと読まれていて店舗での取り組みに反映させようとしていることに驚いた」「百貨店は、敷居が高いイメージがあったが、何度も通ううちに店内は居心地良く内装も工夫されており、すごしやすいと感じるようになった」など、百貨店に対するイメージが変わり、これまでより身近に感じるようになったという意見が多くあった。また、2つ目のテーマについては、「百貨店にはよいサービスがたくさんあるのに知られていないのだと感じた。もっと消費者に情報を伝えてほしい」など、流通とのコミュニケーションを求める声があった。

（株）ジェイアール東海髙島屋の担当者からは、これまでに座談会等は実施したことがあるものの、同じメンバーと長期間にわたり継続的に対話を行うことは初めての試みであり、新たな発見もあったとの意見があった。例えば、包装の問題については、流通側だけで議論しているときには、環境に配慮して全て撤廃すべきかどうかといった極端な議論になりがちだったが、お客様でもあるRCメンバーとの対話を通して、お客様には包装の必要性をご理解いただきながら、流通側としてはお客さまのニーズの理解を深め、さまざまな解決の可能性を

考えることができたと思うとの意見があった。また、流通と消費者だけでなく、第三者である事務局が運営を行ったことで、RC メンバーが「商品を勧められるのではないか」といった警戒心を持つことなく、対等な関係で対話を進められたという声もあった。

 RC の活動終了後に実施した「適正包装」の展開の取り組みについても、「思っていた以上に包装を辞退したお客様が多かった」「不要な包装を削減することによって、環境配慮につながるのはもちろん、お客さまご自身にとってもより身軽に次の買い物を続けることができるというメリットがあり、より質の高いサービスにもつながることに気付いた」などの意見があった。さらに、RC からの意見に基づき、売り場の調査やフロアの改善などを進めていくことによって、販売員の中で環境配慮に対する意識が高まっていったという意見もあった。

 こうした結果より、RC（ユニー）と同様に、RC のような相互学習型プラットホームを体験することが、消費者および流通販売者の環境意識や態度、行動を変えるきっかけになりうることが見て取れた。

[コラム]

リサーチャーズクラブの活動を通じて

株式会社ジェイアール東海髙島屋
販売促進部　常備企画グループ
グループマネージャー
金井　宏高

　当社では平成23年5月から11月までの約半年間、リサーチャーズクラブ様との共同プロジェクトの取り組みを実施いたしました。

　取り組みにあたっては、まず10名強のメンバーの皆様とのミーティングを通じ、百貨店でのお買いものに対する興味や素朴な疑問点を抽出しました。

　その過程で、"百貨店での良いお買いもの"とはどんなものか、どんな基準がより良いお買いものにつながるのかを考える「お買いもの基準」チームと、いわゆる"適正包装"について考える「適正包装」チームの2チームに分かれ、それぞれ議論を重ねてまいりました。

　毎月、店頭のスペースを活用しながら定例的にミーティングを実施し、活発な議論の中から導き出された仮説や集約意見を実証するための店舗実験を行い、販促ツール・デジタルサイネージの設置や来店客への声かけといった具体的行動を通じて、それぞれのチームが受け持つ課題解決を図ってまいりました。

　半年間の活動を通じ、店頭での実験を通じたお客様のお声・反応の収集による、より良いお買いものを目指す場の実現に向け、一定の成果が得られたと考えております。

　この活動を通じて私たちは、「流通販売者と消費者の相互学習」というリサーチャーズクラブの目的にもあるように、双方が活発に学び・意思疎通することが、より良い店舗作りに重要な役割を果たすことを改めて実感いたしました。

平素から私たちの百貨店は、コンサルティング販売を通じた高い"顧客満足度"を実現するため、顧客視点に根ざした店舗作りを行っております。品揃え・サービスなど、店舗として顧客視点に根ざした情報を、販促策や広告物を通じて発信する中で、情報の受け手であるお客様側の受け止め方がそれぞれ異なることがミーティングを通じて分かってきました。

　その中には、私たちの予想と異なる受け止め方・理解をされているサービス・販売もあり、改めてモノ・コトを通じてお客様に"伝える"ことの重要性を認識いたしました。

　お客様の店舗に対する期待感と、現実とのギャップを埋めていくひとつひとつの地道な取り組みの大切さを体感できたと考えております。

　また、メンバーの皆様のナマの声を直接お伺いする機会を通じて、購買動向や継続的に顧客との関係を構築していくためのヒントを得ることができました。

　今回の貴重な経験を通じ、さらにお客様にご満足いただける店舗作りを目指し、弛まぬ努力を続けていく所存でございます。

リサーチャーズクラブに参加しての感想
山本真彩子さん
(リサーチャーズクラブ2期)

Q1 リサーチャーズクラブに参加したきっかけや動機
　確か中日新聞に折り込んであった、フリーペーパーの記事を読んでだったと思います。永田先生のリサーチャーズクラブの紹介記事が載っていました。すぐにピンとくるものがあって、早速リサーチャークラブ第一期生の、発表会に申し込みました。

Q2 リサーチャーズクラブの活動の中で印象的だったことや発見したこと
　今回参加させていただいたのは、髙島屋さんとのコラボでした。想像以上にマーケティングが、確立されていた事、ecoにたいする取りくみが進んで いたことでした。私たちが考える以上に、しっかりとしたシステムがお有りの様で、その中にあまり入り込む隙間がなかった様な気がしました。

Q3 リサーチャーズクラブに参加したことで変ったと思うこと
　今まで私なりに、ecoのことを考えて日々の暮らしを営んで来ましたが、先生方やメンバーの方たちといろいろお話しさせていただいて考え方の幅が 広くなったような気がしました。こういう風にしなければいけない！と思っていたことが、これでもいいんじゃないかしらと少し柔軟になった気がしました。

Q4 低炭素型社会にむけて思うこと
　今、地球規模で大きな変革の時だと思います。私達一人ひとりが、日々地球 (人も、動物も、微生物もすべて) を大切に守ろうとする行動と意識がとても大切で必要ではないでしょうか。

第 4 章　消費者の変容：
　　　　　リサーチャーズクラブ・プラスの活動から

4.1　リサーチャーズクラブ・プラスとは
　4.1.1　リサーチャーズクラブ・プラス発足の経緯
　4.1.2　メンバー構成および活動期間
　4.1.3　ミーティングについて

4.2　リサーチャーズクラブ・プラスの活動概要
　4.2.1　消費者の変容を促すトレイレス実験
　4.2.2　消費者リーダーの育成を目指したなごや環境大学講座
　4.2.3　eco アクションマッチング Book による消費者への啓発

4.3　トレイレス実験による消費者の変容
　4.3.1　トレイレス実験 2011
　4.3.2　トレイレス実験 2012
　4.3.3　トレイレス実験 2013
　4.3.4　他店舗での POP 掲示

4.4　まとめ

4.1 リサーチャーズクラブ・プラスとは

4.1.1 リサーチャーズクラブ・プラス発足の経緯

　第2章で述べたように、リサーチャーズクラブ（ユニー）（以下、本章で述べるユニー（株）と実施したリサーチャーズクラブはRCと言う。）の活動を通し、流通販売者側の参加メンバーからは「自分達が思っていたよりも、伝えたいことが消費者に伝わっていなかったことがわかった」という感想が得られ、消費者との「対話の場」の重要性を実感してもらえる機会となった。同様に、消費者の側でも、流通販売者の様々な取り組みを直接見たり聞いたりする機会を得たことで、企業への信頼感が高まり「今後もできることがあれば共に取り組む活動をしたい」との声が聞かれた。

　そこで、半年間のRCでの活動修了後もメンバーらが継続して活動できる場を作ることとした。RC修了後の活動は「リサーチャーズ・クラブ・プラス（以下、RCプラスと言う。）」、「eco!on応援隊」、「サポーター」の3つである。1つ目の「RCプラス」は、RCでの成果を活かし、消費者と流通販売者、更には生産者を巻き込み、相互学習による課題解決を目指す活動の他、消費者の行動変容を促すための活動も実施することとした。2つ目の「eco!on応援隊」は、ユニー（株）のPB商品の開発に関わる「eco!on第三者審査委員会」[1]の会議にメンバーが出席し、消費者目線で意見を伝える活動である。RCでは、自らが

---

[1] ユニーのPB(プライベートブランド)・SB(ストアブランド)商品の中で、特に環境に配慮した商品である「eco!on」（エコオン）は、外部の専門家(大学教授・消費生活アドバイザー理事・環境総合研究所代表)による「第三者委員会」により評価のうえ認定されている。

学ぶために参加したメンバーが多かったが、ここではさらにステップアップし、消費者リーダーとしてメンバー一人ひとりが自分の意見を伝えることを目標とした。3つ目の「サポーター」は、リサーチャーズクラブのような継続的な活動ではなく、シンポジウムやアンケートへの協力や座談会への参加等とした。

本章では、消費者の変容について紹介するため、「RCプラス」の活動を抜粋して述べるが、「eco!on応援隊」に8名、「サポーター」に8名と、それぞれ修了後も継続して活動したいと考えるメンバーが多かった。これは、スーパーマーケットを単なる買い物の場と捉えていた消費者が、RCの活動を通して流通販売者の想いや取り組みを知り、企業に対する消費者（RCメンバー）の意識に変容があったことの表れであることがわかる。

4.1.2　メンバー構成および活動期間

RCプラスのメンバーはRC修了生の中で特に意欲の高い2名を中心とし、名古屋で環境に関する様々な活動を続けてきた実績を持つグリーンコンシューマー名古屋のメンバー数名から構成された。活動期間は、2011年4月〜2013年9月までの2年半である。**図表4-1**に活動テーマ別にみた実施期間を示す。

活動テーマ	2011年度	2012年度	2013年度9月
トレイレス	→	→	→
消費者リーダー育成講座	→	→	
ecoアクションマッチングBook		→	

図表4-1　活動テーマ別にみた実施期間

4.1.3 ミーティングについて

RC では、参加メンバーは一般消費者を対象としたことから、消費者の学びの機会となることを意識し、毎回消費者と流通販売者とが同じ机で議論を重ねる形式とした。しかし、RC プラスメンバーは、1 年間流通販売者の環境への取り組み等を勉強してきたことに加え、実施内容も前年度よりも積極的に消費者へ働きかける活動へとステップアップさせたいという意思を確認したことから、ミーティングはメンバーとおかいもの革命プロジェクト事務局（責任者：椙山女学園大学東珠実教授、おかいもの革命プロジェクト事務局 2～3 名）で実施した。活動期間中のミーティング回数およびその他の活動を**図表 4-2**に示す。RC プラスメンバーが定期的なミーティングへの参加や各種調査を重ね、消費者リーダーとして積極的に活動したことがわかる。なお、メンバーには、これらミーティングやインタビュー調査に参加するごとに、1 時間あたり 1,000 円分と遠距離の場合には交通費を謝礼として渡すことにした。

なお、店舗での実証実験のためのユニー（株）担当者との会議は、上記の RC プラスのミーティングでの検討結果を事務局から報告およ

実施項目	2011 年度	2012 年度	2013 年度
RC プラスミーティング	8 回	6 回	1 回
トレイレス見学、実験・調理会	2 回	5 回	―
トレイレスインタビュー調査	5 回	6 回	2 回
マッチングインタビュー調査	―	9 回	―
マッチング冊子執筆	―	13 団体分	―
なごや環境大学講師	2 回	1 回	―
ブログ執筆	月 4 回	月 2 回	―

図表 4-2　RC プラスのミーティングや活動状況

び提案の上、検討を行った。

ミーティングは、ユニー（株）環境社会貢献部および実証実験店舗のバイヤーの方々と実施し、2011年度に9回、2012年度に5回、2013年度に3回行った（実証実験店舗店長との打ち合わせは別途行った）。

4.2 リサーチャーズクラブ・プラスの活動概要

4.2.1 消費者の変容を促すトレイレス実験

RCプラスが取り組んだ活動は「トレイレス実験」、「なごや環境大学講座」、「ecoアクションマッチングBook制作」の3つである。

中でも「トレイレス実験」はRCプラスの活動期間2年半に渡り継続的に取り組んだテーマである。「トレイレス」をテーマとした理由は、RCの「容器包装」に関する

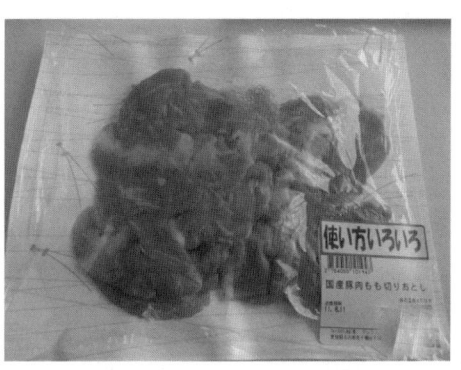

図表4-3　リーフパックの精肉

取り組みの中で消費者に実施したYes・Noパネル調査で、「食品トレイはいらない」という声が多かったことに始まる。加えて、店長からもレジでのお会計後に作荷台で食品トレイを廃棄し、ビニール袋に詰め替えていくお客様が多く、食品トレイの必要性について疑問があると伺った。食品トレイに関しては、既に環境負荷軽減の観点から国や自治体でも検討がなされており、CO_2排出量削減のみならず、ごみ削減の観点からも取り組みが進められていることから、消費者と流通販

売者が共に解決すべき課題であると判断し、「トレイレス」をテーマに選定した。

具体的には、まず、従来の食品トレイに代わる紙のトレイ：リーフパック（**図表4-3**）で販売している店舗の見学会、さらにそうした商品を実際に購入してドリップ量や調理の際の使いやすさについての調査などを行った。

リーフパックは、環境省資料[2]によれば、食品トレイよりもトータルで見るとCO_2排出量が半減することがわかっている（**図表4-4**）。その結果を踏まえて、紙のトレイ（リーフパック）の魅力を伝えるPOPを作成し、売り場のレイアウトの変更やPOPの掲示、キャンペーンの実施によってどの程度売上が変動するか店舗実験を行い、POSデータによる売上数の変化や、インタビュー調査による分析を実施した。実験方法および結果の詳細は次項に示す。

食品トレイの二酸化炭素排出量

項目	CO_2排出量
PSPシート製造	7.36g-CO_2
LDPEフィルム製造	2.27g-CO_2
製品の輸送	0.14 g-CO_2
廃棄・リサイクル段階の輸送	0.07 g-CO_2
焼却（PSPシート、LDPEフィルム）	12.62g-CO_2
合計	22.46g-CO_2

リーフパックの二酸化炭素排出量

項目	CO_2排出量
板紙製造	5.42g-CO_2
PEラミネート製造	1.51g-CO_2
LDPEフィルム製造	0.82g-CO_2
製品の輸送	0.17g-CO_2
廃棄・リサイクル段階の輸送	0.08g-CO_2
焼却（LDPEフィルム、PEラミネート）	3.77g-CO_2
合計	11.77g-CO_2

図表4-4　食品トレイとリーフパックの二酸化炭素排出量比較

2　環境省廃棄物リサイクル対策部企画課循環型社会推進室「3R原単位の算出方法」
　　p.57-64　平成24年4月発表 http://www.env.go.jp/recycle/circul/3r_visu-tool/attach/method.pdf

4.2.2　消費者リーダーの育成を目指したなごや環境大学講座

　RCでは、活動内容を地域や対象店舗内、家族・友人などへ情報発信を広く行ったが、これらは消費者リーダーとしての役割の一つにあたる。しかしながら、リサーチャーズクラブの実施には時間がかかり、流通販売者側の労力負担も大きいため、より簡便化した講座のしくみを作り、RCと同様の活動のできる人材の育成を試みることにした。

　それが、なごや環境大学[3]での「消費者リーダー育成講座」である。この講座は、多くの消費者リーダーを育成し、積極的な活動への参加や口コミなどを通して広く環境に対する取り組みを普及させることを目的として、主婦など一般消費者を対象とし、2011年度は5回の無料講座を実施した。講座概要を**図表4-5**に示す。

　2011年度講座では、従来の座学形式による知識注入型の講座よりも、店舗の取り組みを体験したり、直接店舗の担当者と意見交換ができたり、日ごろ買い物時に感じている素朴な疑問が解消することによって、環境や社会に関する問題について自発的気づきを促す体験型学習の方が、参加者の満足度が高かった。また、2011年度に、最終回の講座への参加者にアンケート調査を実施したところ、全員（9名）が「環境に関する興味・関心がさらに強まった」と回答し、また過半数の5名が「他の講座や活動に参加したいと思うようになった」との回答が得られた。これにより、消費者の啓発としても、流通販売者や生産者と共に講座を開催することが効果的であることがわかった。

　2012年度は、昨年の参加者の意見を踏まえ、またこのような講座

3　なごや環境大学は、名古屋地区の市民、NPO、企業、大学、行政の協働により、「環境首都なごや」そして「持続可能な地球社会」を支える人づくり、人の輪づくりを目指して平成17年3月に開講した。名古屋の街中を「キャンパス」として展開する、新しい環境学習の場づくりを目指した試みである。

開催回	年月日	名称	場所	概要
第1回	2011年10月8日	「消費者の買い物が、お店を、社会を変える！」	椙山女学園大学	消費者の暮らしに対する想いや買い物行動の実態を学び、消費者がお店を変える力を持つことを知る
第2回	2011年11月5日	「おかいもの革命！消費者リーダーとは」	椙山女学園大学	これまでに「おかいもの革命」に参加してきた消費者リーダー（RCプラスメンバー）の体験談を聞き、自分たちにもできることを考える
第3回	2011年12月3日	第3回「買い物がecoにつながる！？〜ただいまグリコン増殖中」	アピタ千代田橋店	買い物ゲームなどを通して、グリーン・コンシューマーや3Rの実践方法について具体的に学ぶ
第4回	2011年1月21日	第4回「流通販売者と共に考える買い物と低炭素型社会（店舗見学）」	リーフウォーク稲沢	流通販売者が行ってきた低炭素型社会に向けた実践について店舗見学やお店の方との意見交換から学ぶ
第5回	2011年2月25日	第5回「消費者リーダーとしての『リサーチ力』を高める！」	椙山女学園大学	消費者の思いを集約し、お店に伝えるために必要な「リサーチ」の方法を過去の実践例をもとに実践する

図表 4-5　なごや環境大学「消費者リーダー育成講座 2011」の概要

展開を様々な企業や他団体でも実施しやすいように、現地見学をメインにし、また回数も3回に減らした無料講座を開催した（**図表 4-6**）。

見学先としては、2011年度は流通販売者の見学のみであったが、2012年度は生産者・流通販売者・消費者の3者が講座に関わることが効果的であると考え、生産者の見学も盛り込むこととした。さらに、受講者が学んで満足するだけでなく、自らが活動し、積極的に提案をする意識付けをするために、講座の最終回には、企業などに向けて具

第4章 消費者の変容：リサーチャーズクラブ・プラスの活動から　89

開催回	年月日	名称	場所	概要
第1回	2012年10月22日	流通販売者による環境配慮活動を知ろう（見学）	アピタ千代田橋店	店舗で行われている環境配慮の取り組みを知り、意見交換を行う。
第2回	2012年11月26日	生産現場の見学を通じてつながろう（見学）	野田農場	愛知県産野菜の生産現場を見学したり、生産者の話を聞いたりして、意見交換を行う。
第3回	2012年12月17日	消費者リーダーとして企業に意見を伝えよう	椙山女学園大学	商品の比較テストを行い、その結果から提案をまとめ、流通販売者へ伝える。

図表 4-6　なごや環境大学「消費者リーダー育成講座 2012」の概要

体的な提案をすることができる内容とし、実際に企業に向けて商品のデザイン面や性能向上を望む意見を提案した。

　2013年度は、名古屋では実施していないが、上記の講座開催をなごや環境大学の講座冊子やHPにて情報発信をしたところ、京都府消費生活安全センターでも同様の取り組みをしてみたいとの問い合わせがあり、実際に2回の企業見学と1回のワークショップから構成される全3回講座を開催していただいた（**図表 4-7**）。今後も、このような各種団体によって講座を継続開催してもらうことで、全国各地で消費者リーダーを

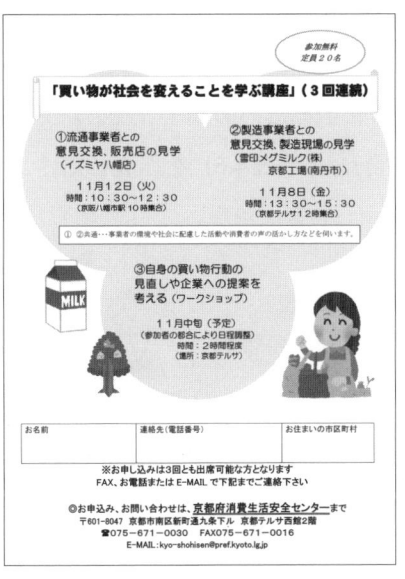

図表 4-7　京都府消費生活安全センターが開催した講座チラシ

4.2.3　eco アクションマッチング Book による消費者への啓発

　内閣府の「世論調査報告書（平成 25 年 2 月）」によると、社会に役立ちたいと考えている人は 66.7% であり、具体的な活動では、「自然・環境保護に関する活動をしたい」と答えた人が 33.3% もいることがわかった[4]。

　このように、人々の環境意識は高く、環境に対する意識や知識を高めるための講座も多数存在する。しかし、講座終了後に学んだ知識を活かした活動をしたいと考えても、その機会が十分に用意されておらず、具体的な活動への道筋が整っていないケースが目立つ。

　おかいもの革命プロジェクトにおいても、RC や消費者リーダー育成講座を実施したが、講座での学びにとどまらず、知識や経験を持った消費者として修了後も積極的に活動をしてもらいたいと考えた。そこで、知識を持った消費者を必要とする機関・団体・企業等へマッチングするための冊子「eco アクション マッチング Book（2013 年 4 月発行）」（**図表 4-8**）を作成した。

図表 4-8　eco アクション マッチング Book の表紙および掲載例

4　内閣府「社会意識に関する世論調査」平成 25 年 2 月調査

第 4 章　消費者の変容：リサーチャーズクラブ・プラスの活動から　91

　この冊子は、RC プラスのメンバーが、エコや消費者とのつながりを大切にしている団体を取材して作成した。掲載団体一覧を**図表 4-9**に示す。冊子は、本プロジェクトの修了生をはじめ、名古屋地区の多くの消費者に手に取ってもらい、消費者リーダーとしての一歩を踏み出す機会になるような内容やデザインを心がけた。また、各掲載ページには生物多様性、3R、情報、環境教育の 4 つのテーマのマークをつけ、興味・関心に合わせて見てもらえるような工夫をし、すべての団体の連絡先を掲載した。この冊子は、各団体が開催する講座等で配布してもらう他、なごや環境大学など多数の市民が訪れる施設に設置した。

番号	掲載団体	企業・コラム
1	グリーンコンシューマー名古屋	ユニー（株）お店探検隊 インタープリター
2	つくろマイ Hashi プロジェクト	（株）トーカン「味おこし.jp」
3	生ごみ出さないプロジェクト	パスコ・サポーターズ・クラブ
4	おりがみアクション	eco!on 応援隊
5	中部リサイクル運動市民の会	リサーチャーズクラブプラス
6	ボラみみより情報局	RC プラス　河野香織氏
7	山崎川グリーンマップ	RC プラス　河原美和氏
8	なごや市民生きもの調査員	

図表 4-9　eco アクションマッチング Book 掲載団体等一覧

4.3 トレイレス実験による消費者の変容

4.3.1 トレイレス実験 2011

まず、名古屋市内における容器包装政策の現状やトレイレスの取り組みの実態を知るために勉強会を実施した。次に、メンバー自らリーフパック使用製品を購入し、持ち運びや調理の際の利便性の調査・実験を行った。その結果、「かさばらない」「まな板代わりに使える」といった利点がある一方で、肉汁の量などは食品トレイの商品と同等であるにも関わらず、見た目では劣るという課題があることも明らかとなった。

以上の成果を踏まえ、食品トレイよりもトータルで見るとCO_2排出量が半減することがわかっているリーフパックについて、消費者目線を取り入れた情報 POP を提示し、消費者にどのように受け入れられ、購買に変化があるのかを検証するための社会実験を実施した。実験協力店舗は、RC を協働実施したユニー（株）がリーフパックを既に試験的に使用していたことから、環境に関心の高い層が多いアピタ緑店にて実施することとした。店舗での売上データからの変化と、消費者への聞き取り調査の 2 つから検証を行った。調査概要を、**図表 4-10** に示す。

消費者への情報伝達としての POP は、本プロジェクトがこれまでに行った調査[5]から、「健康」「幸せ」といった感性的な表現を前面に

5　社会技術研究開発事業研究開発プログラム「地域に根ざした脱温暖化・環境共生社会」研究開発プロジェクト　「名古屋発！低炭素型買い物・販売・生産システムの実現」平成 21 年度研究開発実施報告書 P35

第 4 章　消費者の変容：リサーチャーズクラブ・プラスの活動から　93

調査店舗	アピタ緑店精肉売場
調査期間	POP なし・通常陳列：平成 24 年 1 月 9 日～1 月 27 日（15 日間） POP あり・並列陳列：平成 24 年 1 月 28 日～2 月 11 日（15 日間）
対象商品	合計 6 種類（鶏肉 2 種、豚肉 2 種、牛肉 2 種） ①悠然鶏もも肉　②悠然鶏手羽元　③悠健豚うすぎりバラ肉 ④悠健豚カツ用ロース肉　⑤国産切落し　⑥米産サーロインステーキ
インタビュー質問項目	対象商品購入の理由、過去のリーフパック購入経験および理由、リーフパックの利点、将来の購入希望の有無、食品トレイの処理方法

図表 4-10　トレイレス実験 2011 の概要

出して消費者に行動変容を訴えることが、消費者の意識変容のうえで効果的であることがわかっているため、消費者へリーフパックをＰＲする際のコミュニケーションデザインを工夫した。具体的には、環境を前面に出さず、「かさばらない」「まな板代わりに使える」など、その利点を前面に出した POP を作成・掲示し（図表 4-11）、その前後で消費者の購買行動と意識変容の観察を行った。また、情報表示と合わせて、これまでは食品トレイとリーフパックを分けて販売していた売

図表 4-11　リーフパックの利点を紹介する
RC プラスメンバーのコメント付き POP

り場の陳列方法を変更し、同じ売り場に並列して販売することとした。

POSデータ[6]により売上の変化を分析した結果を**図表4-12**に示す。POP掲示後に、実験の対象とした6種類の精肉のうち5種類で、売上全体に占めるリーフパックの売上割合が上がった。

また、インタビュー調査の結果を**図表4-13**に示す。リーフパックのリピーターの方からは「ゴミが出ないのが助かる」「リーフパックのほうが使いやすくて良い」など、リーフパックを高く評価する声が多く上がった。一方で、POPについては「目立たない、気付かなかった」といった声が多かったことから、売上増はPOPによる効果との相関は弱く、陳列方法を変更したことや売り場にリーフパックを置き

種類	割合（％） POPなし	割合（％） POPあり	リーフパック（売数） POPなし	リーフパック（売数） POPあり	食品トレイ（売数） POPなし	食品トレイ（売数） POPあり
悠然鶏モモ肉1枚入り	27.0	32.1	183	245	496	518
悠然鶏手羽元	25.1	32.8	54	83	161	170
悠健豚カツ肉（ロース肉）	36.1	58.1	30	25	53	18
悠健豚うすぎり（バラ肉）	25.6	25.7	167	182	485	525
国産牛切り落し（モモ・バラ肉）	46.4	42.9	39	36	45	48
牛ステーキ用（サーロイン肉）アメリカ産	41.2	45.6	28	31	40	37
累計	28.1	31.4	501	602	1280	1316

図表4-12 対象商品の売上においてリーフパックが占める割合

---

6 Pointo of Salesの略で販売時点、すなわち店のレジで販売がなされる時のデータであり、一般的には「売上データ」とも呼ばれている。

インタビュー 実施日程/調査人数 計129名	・2011年11月27日（日）4時間／30名 ・2011年12月 1日（木）4時間／32名 ・2012年 1月13日（金）4時間／22名 ・2012年 2月 2日（木）4時間／19名 ・2012年 2月 4日（土）4時間／26名
リーフパックを 選んだ理由 （購入経験あり）	・ゴミが出ないのが助かる ・いつも買っている。トレイはいらない、リーフパックの方が良い
リーフパックを 選んだ理由 （購入経験なし）	・以前から気になっていた。エコかなと思い買ってみた ・かさばらない、荷物にならない ・平場に出ていたので初めて気付いて購入した
リーフパックを 選ばなかった理由	・リーフパックに気がつかなかった ・トレイはラップが貼ってあるが、リーフパックはふにゃふにゃなので手でおされていないかが心配である ・欲しいお肉がリーフパックにはなかった ・ＰＯＰは目立たない

図表4-13　アピタ緑店におけるリーフパックのインタビュー調査結果概要

始めてから一定期間が経過したことによる認知度のアップが売上拡大につながったと考えられた。

4.3.2　トレイレス実験2012

トレイレス実験2011では一定の販売数量の増大が見込めたため、2012年度はリーフパックが消費者に広く受け入れられるかを検証するため、同じ商品を対象に、2011年度に実験を行った店舗に加え、さらに立地や客層などが異なる5店舗でPOPを掲示する前後での売上POSデータの検証と、インタビュー調査による消費者意識調査を行った。2012年度もユニー（株）と販売実験を協働実施した。調査概要を**図表4-14**に示す。

2011年度のインタビュー調査では「POPが目立たない」という意見が多数あったことから、2012年度は、POPの色味や文言の変更を

調査店舗	アピタ緑店、アピタ稲沢店、アピタ御岳店、アピタ名古屋空港店、アピタ向山店、アピタ四日市店（全6店舗）
調査期間	POPなし　平成24年7月2日～7月15日（14日間） POPあり　平成24年7月16日～7月29日（14日間）
対象商品	合計6種類（鶏肉2種、豚肉2種、牛肉2種） ①悠然鶏もも肉　②悠然鶏手羽元　③悠健豚薄切りバラ肉 ④悠健豚カツ用ロース肉　⑤国産切落し　⑥米産サーロインステーキ
インタビュー質問項目	対象商品購入の理由、過去のリーフパック購入経験および理由、リーフパックの利点、将来の購入希望の有無、食品トレイの処理方法

図表 4-14　トレイレス実験 2012 の概要

し、より多くの消費者の目に留まるようデザインを修正した。店舗および対象商品に設置した POP 等の店内表示物は**図表 4-15** の通りである。今回は、上記 POP 類に加え、RC プラスメンバーが考えたリー

図表 4-15　POP 等店内表示物の様子

実施店舗	全売上に占めるリーフパックの割合（％）		リーフパック売上個数		食品トレイ売上個数	
	POPなし	POPあり	POPなし	POPあり	POPなし	POPあり
アピタ緑店	34.5	37.6	241	291	457	483
アピタ稲沢店	4.6	7.6	98	155	2019	1892
アピタ御岳店	30.0	23.0	257	268	599	899
アピタ名古屋空港店	28.2	28.9	305	337	775	831
アピタ向山店	22.2	23.8	527	493	1845	1580
アピタ四日市店	11.3	17.5	170	214	1328	1008

図表 4-16　アピタ 6 店舗におけるリーフパックの販売割合

フパックのメリットを押し出した「動くコト POP」（動画）を制作し、各店舗へ設置した。

　POS データにより売上の変化を分析した結果は**図表 4-16** の通りである。6 店舗中 5 店舗の販売割合の上昇を確認でき、POP はリーフパックの販売促進に補助的な役割を果たしていると考えられる。しかし、インタビュー調査結果から、POP に気づいていない人がほとんどであったことから、リーフパックを拡販していくためには、トレイレスの表示への認知度を上げるためのコミュニケーションデザインを検討し、より積極的な働きかけを行う必要があることが分かった。

　インタビュー調査は精肉売場で実施した。インタビュー調査結果の概要を、**図表 4-17** に示す。6 店舗とも 3 時間のインタビュー調査を行い、169 名から回答を得た。リーフパックの利点を肯定的に感じていただいた方が多かったが、その反面、POP が目立たないなどの掲示物の改善を求める声や、種類のバリエーションを増やすと良いのではないかとの意見を得た。

インタビュー実施日時／ 調査人数　合計 169 名	・アピタ名古屋空港店　7月25日（水）3時間／21名 ・アピタ稲沢店　　　　7月25日（水）3時間／27名 ・アピタ向山店　　　　7月26日（木）3時間／31名 ・アピタ四日市店　　　7月27日（金）3時間／31名 ・アピタ御嵩店　　　　7月28日（土）3時間／29名 ・アピタ緑店　　　　　7月28日（土）3時間／30名
リーフパックの 購入理由	・ゴミが減るから。冷蔵庫にペットボトルが多く入っているからその隙間に入れることができる ・量がちょうどよいのがリーフパックだった
リーフパックの 良い点	・ゴミにならない ・かさばらなさそう ・まな板代わりになるのが便利そう ・処分するのが楽　そのまま冷凍できそう
リーフパック普及への 意見	・POPがもっと目立つと良い ・全てリーフパックにする ・クチコミで広げていく ・店頭での宣伝が少ない ・量と種類のバリエーションを増やす ・説明してくれれば理解できるので買いたい ・トレイと比較してお得感を出す
リーフパックを 購入したくない理由	・見た目が良くないので買いたくない ・持ち運びにくい。重ねられない ・お肉のグラム数がもっと多ければ買う

**図表 4-17　アピタ 6 店舗におけるリーフパックの
インタビュー調査結果概要**

4.3.3　トレイレス実験 2013

　トレイレス調査 2013 は、過去 2 年間の実験結果を活かし、リーフパックの認知度を上げるため、今までよりもリーフパックの露出を高め、ディスプレイ等を工夫するとともに、リーフパックの PR キャンペーンを学生とともに大々的に実施し、POP 掲示前後の売上 POS データの検証と、インタビュー調査による消費者意識調査を行った。2013 年度もユニー（株）と販売実験を協働実施した。調査概要を**図表 4-18** に示す。

2011年度に続き、2012年度のインタビュー調査でも「POPが目立たない」という意見が多数あったことから、2013年度は、より多くの消費者の目に留まるように掲示物を多数・大型化して設置するとともに、多数の学生の協力によるキャンペーンを実施した。売場では、冷蔵ケース上部および各棚にリーフパックを訴求する複数のPOPとパネルを設置した。そしてリーフパック商品はコーナー化して単独で

調査店舗	アピタ緑店精肉売場
調査期間	POPなし・通常陳列：平成25年6月10日〜6月20日（11日間） POPあり・並列陳列：平成25年6月21日〜7月7日（17日間） キャンペーン実施日：平成25年6月27日、29日（2日間）
対象商品	合計6種類（鶏肉2種、豚肉2種、牛肉2種） ①悠然鶏もも肉1枚、②悠然鶏手羽元、③悠健豚うすぎりバラ肉、④悠健豚カツ用ロース肉、⑤国産切落とし、⑥米産サーロインステーキ
インタビュー質問項目	対象商品購入の理由、過去のリーフパック購入経験および理由、リーフパックの利点、将来の購入希望の有無、食品トレイの処理方法
Yes・Noパネル調査	食品トレイの必要の有無、リーフパックの認知度

図表4-18　トレイレス実験2013の概要

販売し、ケースの横にはのぼりも設置した。また、正面入口にも特大パネルとのぼりを設置した。2日間実施したキャンペーン時には、学生らは売場でインタビュー調査を行った。正面入口では、Yes・Noパネル調査を実施し、リーフパックのポイント3つを訴求するため、現物の展示も行なった。キャンペーンに関わるスタッフは全員、同一のスタッフTシャツを着用してキャンペーンを盛り上げた。地域全体

へのPRとしては、リーフパックキャンペーンを実施するチラシを事前に配布した。店舗および対象商品に設置したPOP等の店内表示物は**図表4-19**の通りである。

POSデータによるリーフパックの売上割合は、POPあり期間では6種類全てにおいて上昇していた。特に、類計では2倍に増加していることがわかる。しかしながら、2011年、2012年に比べると、

図表4-19　リーフパック展示、キャンペーンの様子

種類	割合（%）		リーフパック		食品トレイ	
	POPなし	POPあり	POPなし	POPあり	POPなし	POPあり
①悠然鶏モモ肉	14.2	25.4	38	68	229	200
②悠然鶏手羽元	13.3	21.3	10	19	65	70
③悠健豚薄切バラ肉	18.8	41.5	19	71	82	100
④悠健豚カツ用ロース肉	33.3	86.7	4	13	8	2
⑤国産牛切落し	14.0	50.5	7	18	43	18
⑥米産牛サーロインステーキ	50.0	65.4	12	17	12	9
累計	17.0	34.0	90	206	439	399

図表4-20　アピタ緑店におけるリーフパックの販売割合

POPなし期間の売上割合が少ないことから、対象商品の検討も課題であることがわかった（図表4-20）。

　インタビュー調査では85名から回答を得ることができた。その結果、2012年調査では、リーフパックの購入理由が「POPを見て」と回答した人が7％であったが、今回は31％と大幅に増えた。また、情報表示に気付いた人も61％にのぼり、「表示物が目立たない」という課題をある程度改善できた。これらは、過去2年間の実験よりもコミュニケーションデザインを工夫した成果であると言える。

　今回、RCプラスがトレイレスに取り組むきっかけとなったYes・Noパネル調査を改めて実施した。その結果、「食品トレイは必要ですか」という質問に対し、約8割もの人がNoと答えており、3年前にRCで実施した時の5割を大幅に上回っていた。これは、消費者の環境意識が一層高まっていることの表れでもある。消費者の意識変容も大切であるが、こうした消費者の声を流通に反映させることで、流通側の意識変容に繋がることが望まれる。

4.3.4　他店舗でのPOP掲示

　協働企業である（株）寺岡精工の協力を得て、リーフパックの販売店舗である（株）静鉄ストア（本社：静岡県静岡市）2店舗にもRCプラスのPOP掲示を行った。

　2店舗は、ユニー（株）の販売方法と異なり、対象商品をすべてリーフパックで販売していた。また、新店舗であるという特徴から、売上状況には新店舗開店イベントの効果が大きく出る可能性が高いことから、上記トレイレス調査で行なった売上データの比較などは実施しなかった。その代わりに、売場担当者へヒアリング調査を実施した。その結果、「（POP設置によって）売り上げが爆発的には伸びたとは思わ

ないが、オープン以来リーフパックを設置しているので定着しているし、リピーターが増えたように思える」「POP を見て商品を手に取る人が増えた」という意見があった。また、消費者の意見をもとに作成した点について、店舗担当者からは「使い方、利便性を気付かされた」とのご意見があった（図表 4-21）。

リーフパックの POP に対するご意見・反応	・捨てるのが楽なだけだと思っていたが、色々な使い方があるのに気がついたというご意見があった ・冷蔵庫・冷凍庫でかさばらない、そのまま冷凍できるのが良いというご意見があった ・（電車のお客さまの場合）見栄えはトレイに比べれば悪いが、味も同じだし、洗って持ってくる手間が無いのが良いというご意見があった
POP の設置前後の変化	・爆発的には伸びたとは思わないが、オープン以来やっているので定着しているし、リピーターが増えた様に思える ・POP を見て商品を手に取る人が増えた ・POP の効果か分からないが、新しく買っていく客が増えた

図表 4-21　しずてつストアにおけるリーフパックの POP に対するご意見と変化

4.4　まとめ

RC プラスの活動は、「トレイレス実験」、「なごや環境大学講座」、「eco アクションマッチング book」と多岐に渡る。これらの活動は、環境に配慮をした暮らし方をしたいと思っている消費者が、何か行動をしようと考えた時に、活動する場やきっかけを提案したいという想いで実施した。

「トレイレス実験」では、食品トレイから「リーフパック」へと消

費者が購買行動を変容させるだけで環境配慮に繋がるため、コミュニケーションデザインを検討した。RC プラスメンバーは、消費者の目線から POP を作成して PR したり、キャンペーンを実施したりして消費者の購買行動の変容を試みた。その結果、POP のみの掲示であった 2011 年度よりもキャンペーンや多様な掲示を行った 2013 年度の方が売上や認知度の上昇が大きかった。これらから、一つの PR が決めてとなるのではなく、様々な PR 活動を通して認知度や売上が上がることが明らかとなった。ユニー(株)担当者からは、今回の実験では、経年比較するために同一アイテムの変化を見たが、「違う種類や少量タイプで試しても良いと感じた。」「作業効率の悪さと、機械が大きく作業スペースをとることについて、作業者から改善できないかとの意見があった。」「売上が上がらなかったことについては、リーフパックを並べた時の見栄えが悪いことが要因の一つだと考えられる」というご意見もいただいた。これに対し、(株) 寺岡精工担当者からは、「リーフパック製造機械を改良し、作業効率を上げられるようになった」という商品開発に繋がるご意見を伺った。

「なごや環境大学講座」では、主体的な行動ができる消費者になるための学びの場を提供し、参加者からは良かったとの声が多数聞かれた。

「eco アクションマッチング Book」は、RC や「なごや環境大学講座」で学んだ消費者が、その学びを活かして自らが消費者リーダーとして活動するための具体的な活動の場を提案した。リサイクルから対談への参加まで、様々な取り組みがあり、興味関心に合わせて活動してもらうことを期待して作成した。

こうした RC プラスの活動を 3 年間に渡り中心となって進めてきたメンバーは、修了後も様々な活動を積極的に行っている。RC プラス

の実施してきた活動により、少しでも環境に配慮した行動のとれる消費者へと変容する人が増えることを期待する。

参考文献

- 環境省廃棄物リサイクル対策部企画課循環型社会推進室「3R 原単位の算出方法」p.57-64　平成 24 年 4 月発表 http://www.env.go.jp/recycle/circul/3r_visu-tool/attach/method.pdf
- 内閣府「社会意識に関する世論調査」平成 25 年 2 月調査
- 社会技術研究開発事業研究開発プログラム「地域に根ざした脱温暖化・環境共生社会」研究開発 7 プロジェクト　「名古屋発！低炭素型買い物・販売・生産システムの実現」
平成 21 年度研究開発実施報告書 p.35

第 5 章　消費者の変容：消費者教育から見た一考察

5.1　消費者教育と求められる消費者像
　　5.1.1　消費者教育からみたリサーチャーズクラブの取り組み
　　5.1.2　戦後日本の消費者教育と求められる消費者像
　　5.1.3　21 世紀型消費者教育と求められる消費者像

5.2　リサーチャーズクラブ（ユニー）の活動と消費者の変容（1）
　　　　　　　　　　　　　　　　　　　　　　　調査の概要
　　5.2.1　調査の趣旨
　　5.2.2　調査の方法と分析の視点

5.3　リサーチャーズクラブ（ユニー）の活動と消費者の変容（2）
　　　　　　　　　　　　　　　　　　　　　　　調査の結果
　　5.3.1　RC メンバーと一般消費者のライフスタイルと消費行動の実態
　　5.3.2　RC メンバーの変容
　　5.3.3　一般消費者の変容

5.4　まとめ
　　―持続可能な消費者市民社会を創る消費者の育成―

5.1 消費者教育と求められる消費者像

5.1.1 消費者教育からみたリサーチャーズクラブの取り組み

　本書で紹介してきたプロジェクトでは、事業者（生産者、流通販売者）と消費者の相互学習型プラットホームとしてのリサーチャーズクラブの設置を通して「関係性マーケティング」を効果的・効率的に展開し、両者の共創・創発による低炭素型社会の実現をめざすことを目的としてきた。ここで、事業者と消費者の相互学習型プラットホームとしてのリサーチャーズクラブにおいては、「買い物」、すなわち購買行動を契機とする学びの機会が提供される。

　購買行動を契機とする学習については、従来「消費者教育」という名の下に展開されてきた経緯がある。日本消費者教育学会によれば、消費者教育とは「消費者が商品・サービスの購入などを通して消費生活の目標・目的を達成するために必要な知識や態度を修得し、消費者の権利と役割を自覚しながら、個人として、また社会の構成員として自己実現していく能力を開発する教育」[1]を意味する。ここで、注目したいのは、消費者教育では、単に「購買行動を通して消費生活の目標を達成するために必要な知識（バイマンシップ）」を身に付けるだけでなく、消費者の権利と役割を自覚して「社会の構成員としてより良く生きるために必要な能力（シチズンシップ）」を獲得することが求められている点である。消費者教育のこのような特徴を踏まえると、買い物を通して低炭素型社会の実現をめざそうとするリサーチャーズク

1　日本消費者教育学会編『新消費者教育Q＆A』中部日本教育文化会（2007）p.7

ラブは、まさに消費者教育の一環としても注目すべき取り組みであるといえる。

そこで、本章では、我が国の消費者教育の歴史的発展過程を概観したうえで、リサーチャーズクラブによる消費者の学びと、その成果としての消費者の変容について述べていきたい。

5.1.2 戦後日本の消費者教育と求められる消費者像

消費者教育の源流は 19 世紀末のアメリカに遡るが、我が国に消費者教育が導入されたのは、第二次世界大戦後のことである。戦後 10 年余を経て高度経済成長期を迎えた我が国の市場には、三種の神器[2]に代表されるような、消費者の購買意欲を煽る多様な新商品があふれていた。しかし、急速な経済発展の陰では、商品の安全性が十分に確保されないまま流通する状況もみられ、その結果、消費者の生命や健康、経済が脅かされるという、いわゆる「消費者問題」が多発するようになった。消費者教育は、これらの消費者問題から消費者の安全を守るために、本格的に導入されることになったものである。

1968（昭和 43）年に制定された消費者保護基本法には、国が、経済社会の発展に即応して、消費者の保護に関する総合的な施策を策定・実施することと、その一環として、消費者教育を充実するための施策を講じることが明記された。その背景には、事業者と消費者の関係がある意味で対立的であり、事業者が利潤を追求すればするほど商品の価格や品質を通じて消費者に不利益がもたらされる可能性が高まるという状況があった。このようななか、当時の消費者には、行政による保護を受けつつ、市場に氾濫する商品の中から、安全で品質がすぐれ、

---

2 戦後高度経済成長期の新しい生活必需品として宣伝された家電製品で、白黒テレビ、冷蔵庫、洗濯機をさす。

価格が適正な商品を選択・購入・消費する力が求められていた。

5.1.3　21世紀型消費者教育と求められる消費者像

　消費者の保護を国の責務とする消費者行政と、その下で展開されてきた消費者教育は、21世紀に入ると大きな転換をみることとなる。そのきっかけは、2004（平成16）年に消費者保護基本法の改正法として成立した消費者基本法である。法律の名称の変更とともに、消費者は「保護」される対象から「自立」する主体へと大きく変化し、「消費者の権利の尊重と自立の支援」が消費者行政の基本理念として明示された。また、消費者教育が消費者の権利の一つに掲げられたことから、新時代の消費者には、消費生活に関する教育を受けつつ、自立的に消費生活を営む力が求められることとなった。

　以後、消費者教育は、政策的な後ろ盾を得て、急速に発展することになる。その発展のプロセスと消費者に求められる力は、図表5-1に示したとおりである。すなわち、消費者教育の目的は、個々の消費者が自分自身と家族の経済や安全を守り効率的な消費生活を営むことのできる「自立力」の形成を基盤としながらも（レベル1）、やがて、地域の高齢者等の消費者被害が顕在化すると、自分のことだけでなく、同じ地域に暮らす人々の消費生活にも配慮し、ともにコミュニティの福祉や平和を創り上げることのできる「共生力」が求められるようになった（レベル2）。さらに、2012（平成24）年に成立・施行した消費者教育推進法においては、今後目指すべき社会を「消費者市民社会」とし、個々の消費者のあるべき姿として「自らの消費生活に関する行動が現在及び将来にわたって内外の社会経済情勢及び地球環境に影響を及ぼし得るものであることを自覚して、公正かつ持続可能な社会の形成に積極的に参画する」ことが掲げられた。つまり、現代の消費者

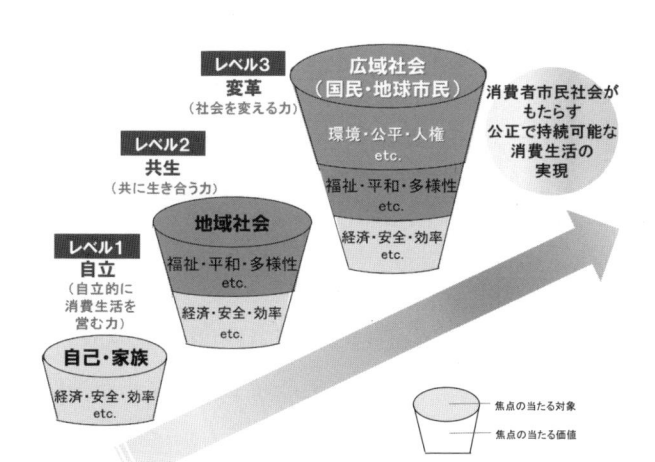

第5章 消費者の変容：消費者教育から見た一考察　109

出典：拙稿「変革の消費者教育」消費者問題研究グループ（座長 小木紀之）『消費者市民社会と企業・消費者の役割』中部日本教育文化会（2013）p.135〔原図は、拙稿「生活リテラシー」（エネルギー講座【第1講】『CEL』vol.101、大阪ガス エネルギー・文化研究所（2012））

図表 5-1 21 世紀型消費者教育の発展過程と 3 つのレベル

には、自立的な消費生活を営みながら、自らの住まう地域だけでなく広域社会の人々の暮らしや消費にも目を向け、持続可能な社会を目指して、環境や人権に配慮した公平で公正な社会の形成のために積極的に行動するという「変革力」が求められることとなった（レベル3）。

このように消費者教育の歴史をとらえると、前章までに述べてきたリサーチャーズクラブの活動は、新しい時代の消費者教育にとって、意味のある取り組みであることが明白である。

5.2 リサーチャーズクラブ（ユニー）の活動と消費者の変容（1）調査の概要

5.2.1 調査の趣旨

　リサーチャーズクラブの活動を消費者教育の視点から考察しようとするとき、活動を通して、消費者のライフスタイルが消費者市民社会（＝持続可能な社会）の主体として望ましい方向に変容したのか否かを判断・評価する必要がある。加えて、消費者市民社会では「自己の行動が他者に与える影響」を考慮することが重視されていることから、消費者リーダーとしてのリサーチャーズクラブの取り組みが、周囲の一般消費者の行動変容にも影響を及ぼしているかどうかを検討することも意味がある。

　そこで、本プロジェクトでは、第2章で詳述したユニー㈱と協働で実施したリサーチャーズクラブ（以下、本章で述べるユニー㈱と実施したリサーチャーズクラブはRCと言う。）が一般消費者に向けて実施した2つの啓発行動（「生活の知恵情報のメール配信」と「デモンストレーションの企画・実施」、詳細は後述）の前後に、RCのメンバーと、同店舗で日常的に買い物をしている一般消費者に対し「ライフスタイルと消費行動に関するアンケート調査」を実施することにした。これにより、RCメンバーと一般消費者のライフスタイルと消費行動の実態を把握するとともに、RCによる消費者啓発の前後の変化を捉えることによって、RCの活動がメンバー自身と周囲の一般消費者にどのような影響をもたらすのかを明らかにしていく。

5.2.2 調査の方法と分析の視点

第2章でみた RC メンバーの活動プロセスに上記のアンケート調査を位置付け、その方法と分析の視点を図示すると、**図表 5-2** のとおりとなる[3]。

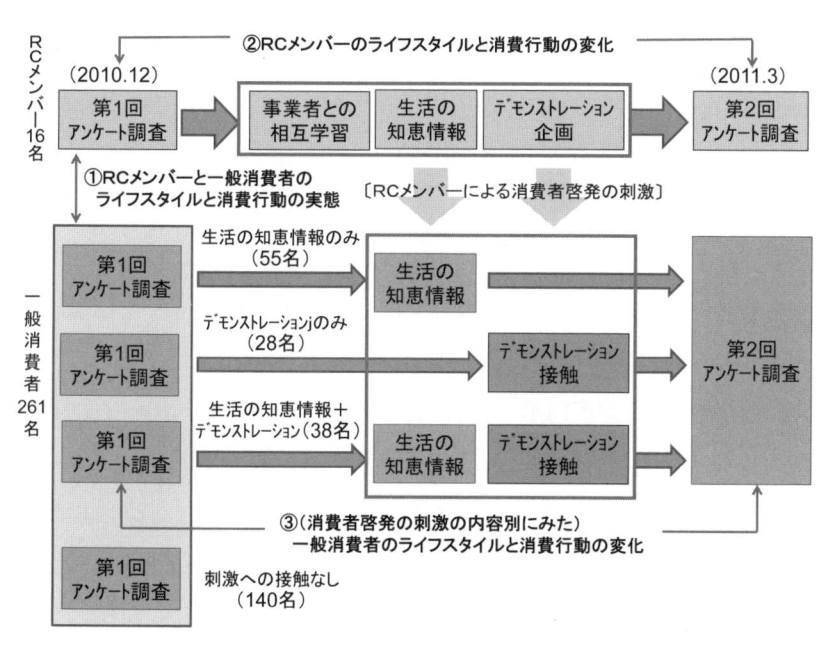

図表 5-2 RC メンバーの活動の効果を検証する調査の方法と分析の視点

「消費者のライフスタイルと消費行動に関するアンケート調査」は、2010年12月と2011年3月の2回にわたり、RC メンバーと一般消費者に対し、実施した。この調査では、ライフスタイルと消費行動

---

3 この調査の方法、結果の詳細は、すでに、拙稿「消費者のライフスタイルと消費行動の実態及び変容に関する研究―消費者リーダーの活動とその効果の分析―」『消費者教育』第33冊（2013）pp.19-29 において公表しており、以下の内容は、これに準拠している。

に関する 30 の要素（環境配慮生活者、自然愛好家、健康管理好き、地域ボランティア志向、情報発信好き、トレンディ、広い関心、新しいもの好き、コレクター・マニア、信念の人、自己研鑽家、承認欲求、保守主義、心の豊かさ重視、アットホーム、エコ消費者、エコ企業サポーター、健康配慮消費者、安全性重視、耐久性重視、有名・大手志向、低価格重視、見た目で選ぶ、性能重視、情報比較好き、購入しやすさ重視、リピーター、売れ筋志向、おすすめ商品好き、個性的の 30 要素、具体的な設問項目は後述の結果の図表を参照）に対し、5 段階の評定尺度（「まったくそう思わない（そうでない）」：1 点、「あまりそう思わない（そうでない）」：2 点、「どちらともいえない」：3 点、「ややそう思う（そうである）」：4 点、「とてもそう思う（そうである）」：5 点）で回答を求めた。なお、上記の 30 項目は、先行研究において、幅広いライフスタイルを網羅的に取り上げて調査・分析を行った三菱総合研究所作成の設問項目を、同研究所の了解の下に用いたものである[4]。

　2010 年 12 月（第 1 回）調査においては、消費者リーダー 16 名と、697 名の一般消費者に対し、上記の 30 項目を尋ねるアンケート調査を行った。消費者リーダーへのアンケートは、ミーティング時に配付しその場で全員から回答を得た。また、一般消費者への調査は郵送により実施し、261 名より回答を得た（回収率 37.4％）。その後、一般消費者に対し、消費者リーダーが考案した 2 つの「消費者啓発の刺激」（①「生活の知恵情報」の受信・内容確認、②「店舗でのデモンストレーション」への接触）を受ける機会を設けた。

　ここでいう「生活の知恵情報」とは、週 1 回を目安に全 10 回にわ

---

[4] この調査の方法、結果の詳細については、すでに、拙稿「消費者のライフスタイルと消費行動の実態及び変容に関する研究―消費者リーダーの活動とその効果の分析―」『消費者教育』第 33 冊（2013）pp.19-29 において公表している。

たり生活に広く役立つ情報（毎回600字程度）をメールで配信したもので、先駆的な消費者リーダーが、記事の執筆を担当した。「生活の知恵情報」は、季節の食やエコ、健康、生活の豊かさなどに関するもので、各回のテーマは、以下のとおりである。

第1回：冬野菜を長〜く、おいしく

第2回：柚子のアロマでまったりと…

第3回：手肌に優しい手作り洗剤

第4回：本当のエコとは？

第5回：冷凍で時間もお金も有効に

第6回：くらしを楽しむ、のんびりダイエット

第7回：家族の健康

第8回：トレーとごみ減量

第9回：旬の魚を美味しく食べよう

第10回：豊かさと安心のために

「生活の知恵情報」の配信については、その受信を了承した消費者にのみ、情報を送った。

一方、「店舗でのデモンストレーション」については、第2章で詳述したが、消費者リーダーが3つのグループに分かれ、スーパーマーケットの店舗において、環境配慮型商品のPRなどを行ったものである。「容器包装チーム」では、消費者目線で容器包装に関する情報を伝達するポスターの制作・掲示、シンプル包装商品を知らせるPOPの掲示、店頭○×パネル調査などを、「食（野菜）チーム」では、県内産の旬野菜のPOPの掲示、レシピの提案などを、「エコ商品・PB商品チーム」では、エコ商品を知らせるPOPの作成・掲示、エコ商品試用後の感想を書いた「リアルボイス」の掲示などを同時期に展開した。「店舗でのデモンストレーション」は、約1ヶ月間（2011年2

月27日〜3月31日）協力店舗で実施したが[5]、2010年12月（第1回）調査に回答した消費者のうち、デモンストレーションに接触（内容を確認）したのは、約4分の1であった。

　2011年3月調査（第2回）では、上記の30項目の質問とともに、消費者リーダーが考案した2つの「消費者啓発の刺激」を受けたかどうか（「生活の知恵情報」の受信・確認の有無、「店舗でのデモンストレーション」への接触の有無）についても、回答を求めた。その結果、2010年12月（第1回）調査に回答した261名のうち、「生活の知恵情報」の受信・確認のみを行った消費者は55名、「デモンストレーションへの接触」のみを経験した消費者は28名、「生活の知恵情報」の受信・確認と「デモンストレーションへの接触」の両方を経験した消費者は38名となった。残りの140名の消費者は、「消費者啓発の刺激」を受けなかった。

　上に述べた過程を踏まえ、本調査の分析に当たっては、図5-2に示した①〜③について明らかにすることにした。すなわち、はじめに、RCメンバーと一般消費者のライフスタイルと消費行動の実態を把握したうえで、RCメンバーによる一般消費者への消費者啓発（生活の知恵情報の提供、デモンストレーションの企画・実施）の前後において、RCメンバーのライフスタイルと消費行動がどう変わったか、また一般消費者のライフスタイルと消費行動がどう変わったかを比較検討することとした。なお、それぞれの分析にあたっては、ライフスタイルと消費行動に関する上記30項目の5段階評価得点をデータとし、平均点の比較や有意差検定を行った。

5　店頭○×パネル調査は、キャンペーンの日のみに実施した。

5.3 リサーチャーズクラブ（ユニー）の活動と消費者の変容（2）
調査の結果

5.3.1 RC メンバーと一般消費者のライフスタイルと消費行動の実態

はじめに、RC メンバーと一般消費者の「ライフスタイルと消費行動に関するアンケート調査」の 30 項目に対する回答（5 段階評価得点）の平均点を求めると、**図表 5-3** のとおりとなった。

RC メンバーについてみると、最も得点が高い（肯定的な人が多い）項目は、「情報発信好き」の 4.6、次いで「環境配慮生活者」と「幅広い関心」が 4.4、「健康管理好き」、「新しいもの好き」、「安全性重視」が 4.3 となっている。これらから、RC メンバーは、身の回りのさまざまなものに関心をもち、周囲に情報を積極的に発信しながら、環境と健康と安全に配慮した堅実な生活を営んでいることが推察される。一方、最も得点が低いのは「低価格重視」の 2.9、次いで「売れ筋志向」の 3.1 であることから、RC メンバーは、日々の買い物において、価格にはあまり執着せず、また売れ筋商品を好んで購入するというよりは、自分が吟味した商品を買うという消費行動をとっていることがわかる。

これに対し一般消費者については、得点が最も高いのは「環境配慮生活者」の 4.2、次いで「情報発信好き」と「安全性重視」の 4.1 であり、逆に最も得点が低いのは、「低価格重視」の 2.9、次いで「見た目で選ぶ」、「個性的」の 3.0 となっている。この結果は RC メンバーの結果と類似していることから、周囲への情報発信を好み、環境や安全を重視し、低価格にあまりこだわらないのは、RC メンバーだけでなく、

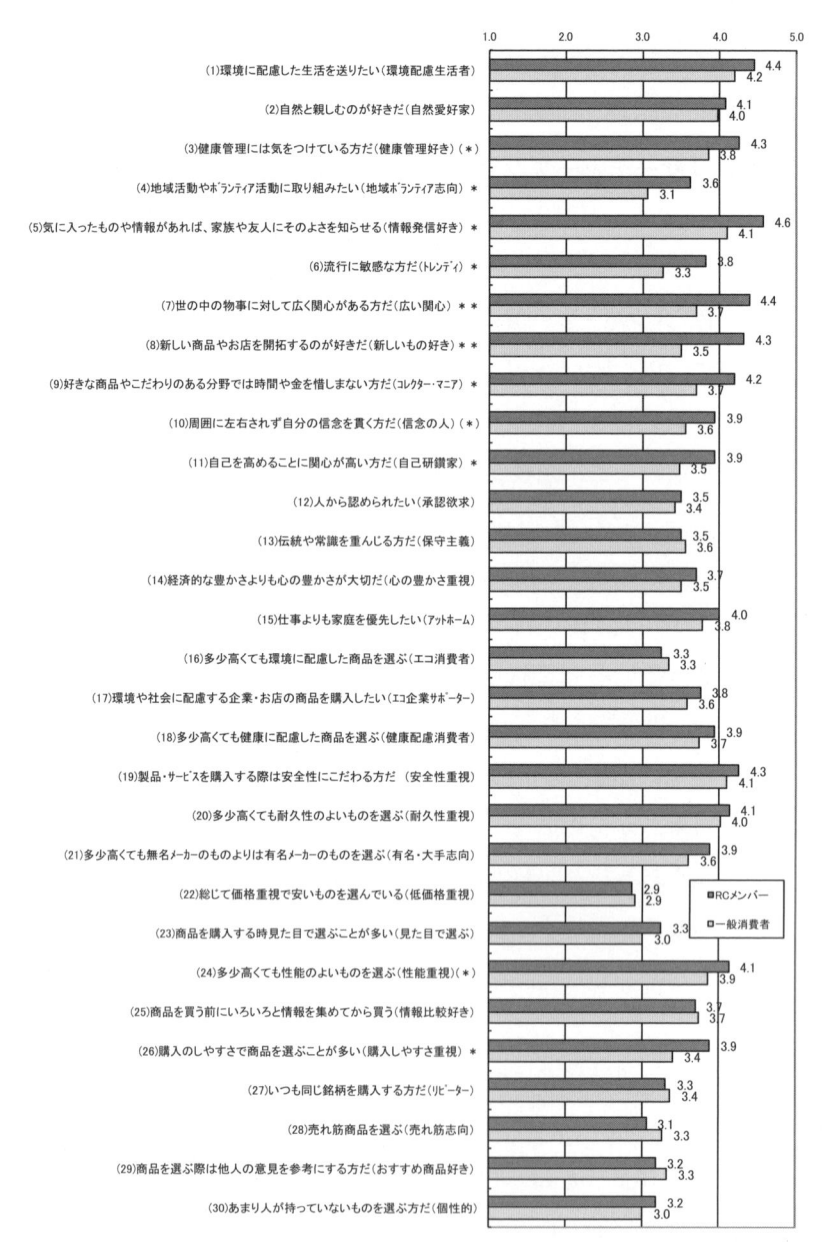

項目	RCメンバー	一般消費者
(1)環境に配慮した生活を送りたい(環境配慮生活者)	4.4	4.2
(2)自然と親しむのが好きだ(自然愛好家)	4.1	4.0
(3)健康管理には気をつけている方だ(健康管理好き)(*)	4.3	3.8
(4)地域活動やボランティア活動に取り組みたい(地域ボランティア志向) *	3.6	3.1
(5)気に入ったものや情報があれば、家族や友人にそのよさを知らせる(情報発信好き) *	4.6	4.1
(6)流行に敏感な方だ(トレンディ)	3.8	3.3
(7)世の中の物事に対して広く関心がある方だ(広い関心) **	4.4	3.7
(8)新しい商品やお店を開拓するのが好きだ(新しいもの好き) **	4.3	3.5
(9)好きな商品やこだわりのある分野では時間や金を惜しまない方だ(コレクター・マニア) *	4.2	3.7
(10)周囲に左右されず自分の信念を貫く方だ(信念の人)(*)	3.9	3.6
(11)自己を高めることに関心が高い方だ(自己研鑽家) *	3.9	3.5
(12)人から認められたい(承認欲求)	3.5	3.4
(13)伝統や常識を重んじる方だ(保守主義)	3.5	3.6
(14)経済的な豊かさよりも心の豊かさが大切だ(心の豊かさ重視)	3.7	3.7
(15)仕事よりも家庭を優先したい(アットホーム)	4.0	3.8
(16)多少高くても環境に配慮した商品を選ぶ(エコ消費者)	3.3	3.3
(17)環境や社会に配慮する企業・お店の商品を購入したい(エコ企業サポーター)	3.8	3.6
(18)多少高くても健康に配慮した商品を選ぶ(健康配慮消費者)	3.9	3.7
(19)製品・サービスを購入する際は安全性にこだわる方だ(安全重視)	4.3	4.1
(20)多少高くても耐久性のよいものを選ぶ(耐久性重視)	4.1	4.0
(21)多少高くても無名メーカーのものよりは有名メーカーのものを選ぶ(有名・大手志向)	3.9	3.6
(22)総じて価格重視で安いものを選んでいる(低価格重視)	2.9	2.9
(23)商品を購入する時見た目で選ぶことが多い(見た目で選ぶ)	3.3	3.0
(24)多少高くても性能のよいものを選ぶ(性能重視)(*)	4.1	3.9
(25)商品を買う前にいろいろと情報を集めてから買う(情報比較好き)	3.7	3.7
(26)購入のしやすさで商品を選ぶことが多い(購入しやすさ重視) *	3.9	3.4
(27)いつも同じ銘柄を購入する方だ(リピーター)	3.3	3.4
(28)売れ筋商品を選ぶ(売れ筋志向)	3.1	3.3
(29)商品を選ぶ際は他人の意見を参考にする方だ(おすすめ商品好き)	3.2	3.3
(30)あまり人が持っていないものを選ぶ方だ(個性的)	3.2	3.0

注：1）項目には、三菱総合研究所作成（宮原・山村・古木、2009）の調査項目を用いた。
　　2）有意性について、＊＊：p<0.01、＊：p<0.05、(＊)：p<0.1 で表した。
　　3）グラフは平均値に基づき作成したが、数値の表記は四捨五入して小数第1位までを示した。
出所：拙稿「消費者のライフスタイルと消費行動の実態及び変容に関する研究―消費者リーダーの活動とその効果の分析」『消費者教育』第33冊、pp.19-29、図1に同じ

図表 5-3 RC メンバーと一般消費者のライフスタイルと消費行動

一般消費者にも共通する特徴であるといえる。ただし両者の得点の間には、開きがあるものが多く、ほとんどの項目について、RCメンバーの得点が一般消費者の得点を上回っている。

そこで、両者の平均点の差異に注目すると、「広い関心」と「新しいもの好き」については1％水準で、「地域ボランティア志向」、「情報発信好き」、「トレンディ」、「コレクター・マニア」、「自己研鑽家」、「購入しやすさ重視」については5％水準で有意差が確認され、いずれもRCメンバーの方がかなり高い得点を示している。この結果から、一般消費者と比較した場合のRCメンバーの特徴として、いつも広くアンテナを張って新しいものや流行に敏感であり、他者と関わる地域活動や情報発信に熱心で、自己研鑽にも励んでいるという人物像を掲げることができる。このように、市場や社会の動きに敏感で、周囲に影響を与えようとし、また社会的活動にも関心の高いRCメンバーのライフスタイルは、現在の消費者教育が求めている「消費者市民」のロールモデルとして評価できる。RCメンバーに応募・採用された消費者は、もともと社会的活動への興味が高く、リーダーシップを備えている人物が多いとは思われるが、それに加え、第1回アンケート調査実施前における流通販売者との対話による相互学習[6]が、その資質を一層高めることに少なからず影響を及ぼしたものと考えられる。

5.3.2 RCメンバーの変容

次に、RCメンバーのライフスタイルや消費行動（30項目）に対する志向が、その活動（店舗での事業者との相互学習、生活の知恵情報の提供、デモンストレーションの企画）を通してどう変化したかについて考察す

---

6 RCメンバーは、第1回アンケートを実施する前に、3回の流通販売事業者との相互学習型のミーティングを経験している。

る。RCメンバーの活動の前後に実施されたアンケート調査の結果を比較すると、**図表5-4**のとおりとなる。

　活動前後の平均点の変化をみると、総じて事前の得点が高いためポイントが上昇した項目は限られるものの、最も大きな上昇をみせたのは「エコ消費者（多少高くても環境に配慮した商品を選ぶ）」であることがわかる。一方、ポイントが低下した項目についてみると、5％水準で「性能重視（多少高くても性能のよいものを選ぶ）」に有意差がみられ、危険率を10％にすると「新しいもの好き（新しい商品やお店を開拓するのが好きだ）」、「有名・大手志向（多少高くても無名メーカーのものよりは有名メーカーのものを選ぶ）」「情報発信好き（気に入ったものや情報があれば、家族や友人にそのよさを知らせる）」においても志向の低下傾向が認められる。「情報発信好き」や「新しいもの好き」は、いずれも評価得点の水準がかなり高く、RCメンバーの特徴を表す項目といえるが、これらのポイントが低下したのは、活動を通じて、情報発信や新商品購入を慎重に行うべきことを学んだためであると思われる。メンバーの行動が慎重になったことは、「購入しやすさ重視（購入のしやすさで商品を選ぶことが多い）」のポイントが低下したことからも明らかである。また、「有名・大手志向（高くても有名メーカー）」や「性能重視（高くても性能のよいもの）」のポイントが低下したのは、活動を通して、無名メーカーや低価格であっても高品質・高性能のものがあることに気づいた結果であると考えられる。

　このように、RCメンバーとしての消費者リーダーたちは、活動を通じて、エコ消費をより一層志向するようになるとともに、一方で情報発信や購買行動を慎重に行うようになり、また、価格への依存（値段が高ければよい）が低下することが明らかとなった。

第5章 消費者の変容：消費者教育から見た一考察

設問項目	2010年12月調査	2011年3月調査	変化(差)	P値
(1)環境に配慮した生活を送りたい(環境配慮生活者)	4.4	4.4	0.0	1.0000
(2)自然と親しむのが好きだ(自然愛好家)	4.1	3.9	-0.1	0.4973
(3)健康管理には気をつけている方だ(健康管理好き)	4.3	4.0	-0.3	0.3332
(4)地域活動やボランティア活動に取り組みたい(地域ボランティア志向)	3.6	3.7	0.1	0.7183
(5)気に入ったものや情報があれば、家族や友人にそのよさを知らせる(情報発信好き)	4.6	4.3	-0.3	0.0555 (*)
(6)流行に敏感な方だ(トレンディ)	3.8	3.6	-0.2	0.5816
(7)世の中の物事に対して広く関心がある方だ(広い関心)	4.4	4.4	0.0	1.0000
(8)新しい商品やお店を開拓するのが好きだ(新しいもの好き)	4.3	4.0	-0.3	0.0962 (*)
(9)好きな商品やこだわりのある分野では時間や金を惜しまない方だ(コレクター・マニア)	4.2	3.8	-0.4	0.1380
(10)周囲に左右されず自分の信念を貫く方だ(信念の人)	3.9	4.0	0.1	0.8056
(11)自己を高めることに関心が高い方だ(自己研鑽家)	3.9	4.0	0.1	0.7505
(12)人から認められたい(承認欲求)	3.5	3.4	-0.1	0.7505
(13)伝統や常識を重んじる方だ(保守主義)	3.5	3.5	0.0	1.0000
(14)経済的な豊かさよりも心の豊かさが大切だ(心の豊かさ重視)	3.7	3.8	0.1	0.7183
(15)仕事よりも家庭を優先したい(アットホーム)	4.0	3.8	-0.2	0.3332
(16)多少高くても環境に配慮した商品を選ぶ(エコ消費者)	3.3	3.6	0.3	0.2064
(17)環境や社会に配慮する企業・お店の商品を購入したい(エコ企業サポーター)	3.8	3.8	0.0	1.0000
(18)多少高くても健康に配慮した商品を選ぶ(健康配慮消費者)	3.9	4.1	0.2	0.2702
(19)製品・サービスを購入する際は安全性にこだわる方だ(安全性重視)	4.3	4.3	0.0	1.0000
(20)多少高くても耐久性のよいものを選ぶ(耐久性重視)	4.1	4.1	-0.1	0.6692
(21)多少高くても無名メーカーのものよりは有名メーカーのものを選ぶ(有名・大手志向)	3.9	3.6	-0.3	0.0962 (*)
(22)総じて価格重視で安いものを選んでいる(低価格重視)	2.9	2.8	-0.1	0.7505
(23)商品を購入する時見た目で選ぶことが多い(見た目で選ぶ)	3.3	3.1	-0.2	0.7505
(24)多少高くても性能のよいものを選ぶ(性能重視)	4.1	3.8	-0.3	0.0197 *
(25)商品を買う前にいろいろと情報を集めてから買う(情報比較好き)	3.7	3.7	0.0	1.0000
(26)購入のしやすさで商品を選ぶことが多い(購入しやすさ重視)	3.9	3.6	-0.3	0.3332
(27)いつも同じ銘柄を購入する方だ(リピーター)	3.3	3.4	0.1	0.7183
(28)売れ筋商品を選ぶ(売れ筋志向)	3.1	3.1	0.0	1.0000
(29)商品を選ぶ際は他人の意見を参考にする方だ(おすすめ商品好き)	3.2	3.3	0.1	0.6524
(30)あまり人が持っていないものを選ぶ方だ(個性的)	3.2	3.1	-0.1	0.6692

注：1）項目には、三菱総合研究所作成（宮原・山村・古木、2009）の調査項目を用いた。
2）変化（差）は、2011年3月調査の値から2010年12月調査の値を引いて求めたが、各数値は四捨五入して小数第1位までを示したため、表記上、計算が合っていない部分がある。
3）2010年12月調査の値と2011年3月調査の値の差の有意性について
　＊：p<0.05、（＊）：p<0.1で表した。
出所：拙稿「消費者のライフスタイルと消費行動の実態及び変容に関する研究－消費者リーダーの活動とその効果の分析」『消費者教育』第33冊、pp.19-29、表1に同じ

図表5-4　RCメンバーのライフスタイルと消費行動の変化

5.3.3 一般消費者の変容

次に、RCの活動に触れた一般消費者のライフスタイルと消費行動の変化を考察する。その結果を、接触した活動（RCによる消費者啓発の刺激）の内容別にみると、**図表 5-5** のとおりである。

一般消費者に関しては、RCの活動（消費者啓発の刺激）として「生活の知恵情報のみに接触」、「デモンストレーションのみに接触」、「生活の知恵情報とデモンストレーションの両方に接触」の3つの調査対象群を設定したが、**図表 5-5** をみると、「生活の知恵情報の受信・確認」のみや、「デモンストレーションへの接触」のみを経験した一般消費者については、事前・事後の平均点に多少の違いはあるものの、有意差は認められず、啓発の効果は確認できない結果となった。これに対し、「生活の知恵情報とデモンストレーションの両方に接触」した場合には、わずかではあるが、有意差が認められる項目があることから、RCの活動を通して一般消費者に影響を与えるためには、少なくとも複数の刺激が必要であることが推察される。

また、「生活の知恵情報とデモンストレーション」の2つの刺激に接触した一般消費者の変化を考察すると、最も大きな変化は「有名・大手志向」の低下であり、5％水準で有意差が認められた。このほか危険率を10％にすると、「購入しやすさ重視」についても低下傾向が確認できることから、RCの活動に触れた一般消費者は、有名メーカーの商品や、購入が便利な商品にとらわれず、自分の目で慎重に良いものを選ぼうとする志向が高まるのではないかと考えられる。さらに、同じく危険率10％において、「環境配慮生活者（環境に配慮した生活を送りたい）」の得点の上昇が認められることから、RCの活動は、当事者だけでなく、それに接触した一般消費者のライフスタイルや購買行

第 5 章　消費者の変容：消費者教育から見た一考察　121

「消費者啓発の刺激」の種類 設問項目	生活の知恵情報のみ 2010年12月調査	生活の知恵情報のみ 2011年3月調査	変化(差)	デモンストレーション接触のみ 2010年12月調査	デモンストレーション接触のみ 2011年3月調査	変化(差)	生活の知恵情報＋デモンストレーション接触 2010年12月調査	生活の知恵情報＋デモンストレーション接触 2011年3月調査	変化(差)
(1)環境に配慮した生活を送りたい(環境配慮生活者)	4.2	4.2	0.0	4.4	4.3	-0.1	4.1	4.3	0.2 (*)
(2)自然と親しむのが好きだ(自然愛好家)	4.0	3.9	-0.1	4.0	3.9	0.0	3.8	3.8	-0.1
(3)健康管理には気をつけている方だ(健康管理好き)	3.7	3.8	0.1	4.1	4.2	0.1	4.1	4.1	0.0
(4)地域活動やボランティア活動に取り組みたい(地域ボランティア志向)	3.1	3.2	0.1	3.3	3.4	0.1	3.3	3.4	0.2
(5)気に入ったものや情報があれば、家族や友人にそのよさを知らせる(情報発信好き)	4.1	4.0	-0.1	4.1	4.0	0.0	4.4	4.3	-0.1
(6)流行に敏感な方だ(トレンディ)	3.2	3.3	0.1	3.1	3.2	0.1	3.7	3.7	-0.1
(7)世の中の物事に対して広く関心がある方だ(広い関心)	3.7	3.8	0.1	3.6	3.8	0.1	4.1	4.2	0.1
(8)新しい商品やお店を開拓するのが好きだ(新しいもの好き)	3.4	3.5	0.1	3.6	3.6	0.0	4.0	3.9	-0.1
(9)好きな商品やこだわりのある分野では時間や金を惜しまない方だ(コレクター・マニア)	3.5	3.6	0.1	3.8	3.9	0.1	4.0	3.8	-0.2
(10)周囲に左右されず自分の信念を貫く方だ(信念の人)	3.3	3.4	0.1	3.8	3.7	-0.1	3.7	3.7	0.0
(11)自己を高めることに関心が高い方だ(自己研鑽家)	3.5	3.7	0.2	3.6	3.5	0.0	3.9	3.8	-0.1
(12)人から認められたい(承認欲求)	3.6	3.7	0.1	3.5	3.3	-0.3	3.5	3.6	0.1
(13)伝統や常識を重んじる方だ(保守主義)	3.6	3.6	0.0	3.7	3.6	-0.1	3.4	3.4	0.0
(14)経済的な豊かさよりも心の豊かさが大切だ(心の豊かさ重視)	3.7	3.6	-0.1	3.4	3.4	0.1	3.5	3.7	0.2
(15)仕事よりも家庭を優先したい(アットホーム)	3.9	3.8	0.0	3.7	3.7	0.0	3.8	3.8	-0.1
(16)多少高くても環境に配慮した商品を選ぶ(エコ消費者)	3.3	3.3	0.0	3.8	3.8	0.0	3.2	3.4	0.2
(17)環境や社会に配慮する企業・お店の商品を購入したい(エコ企業サポーター)	3.5	3.6	0.2	3.8	3.9	0.1	3.7	3.7	-0.1
(18)多少高くても健康に配慮した商品を選ぶ(健康配慮消費者)	3.7	3.8	0.1	4.0	4.0	0.0	4.0	4.0	0.0
(19)製品・サービスを購入する際は安全性にこだわる方だ(安全性重視)	4.1	4.0	-0.1	4.3	4.2	-0.1	4.2	4.1	-0.1
(20)多少高くても耐久性のよいものを選ぶ(耐久性重視)	4.0	3.9	-0.1	4.0	4.0	0.0	4.0	3.8	-0.1
(21)多少高くても無名メーカーのものよりは有名メーカーのものを選ぶ(有名・大手志向)	3.6	3.6	0.0	3.3	3.5	0.1	3.8	3.4	-0.4 *
(22)総じて価格重視で安いものを選んでいる(低価格重視)	3.0	2.9	-0.1	3.1	2.8	-0.3	2.8	2.9	0.1
(23)商品を購入する時見た目で選ぶことが多い(見た目で選ぶ)	2.9	2.9	0.0	3.4	3.2	-0.2	3.1	3.0	-0.1
(24)多少高くても性能のよいものを選ぶ(性能重視)	3.9	3.8	0.0	3.8	3.9	0.1	3.9	3.8	-0.1
(25)商品を買う前にいろいろと情報を集めてから買う(情報比較好き)	3.8	3.8	0.0	3.7	3.7	0.0	3.9	3.8	-0.1
(26)購入のしやすさで商品を選ぶことが多い(購入しやすさ重視)	3.4	3.3	0.0	3.5	3.5	0.0	3.7	3.4	-0.3 (*)
(27)いつも同じ銘柄を購入する方だ(リピーター)	3.4	3.5	0.1	3.4	3.3	-0.1	3.4	3.3	0.0
(28)売れ筋商品を選ぶ(売れ筋志向)	3.3	3.4	0.1	3.3	3.5	0.2	3.2	3.1	-0.1
(29)商品を選ぶ際は他人の意見を参考にする方だ(おすすめ商品好き)	3.5	3.4	0.1	3.2	3.2	0.0	3.2	3.3	0.1
(30)あまり人が持っていないものを選ぶ方だ(個性的)	2.9	2.9	0.0	3.3	3.2	0.0	3.1	3.1	0.0

注：1）項目には、三菱総合研究所作成（宮原・山村・古木、2009）の調査項目を用いた。
　　2）変化（差）は、2011年3月調査の値から2010年12月調査の値を引いて求めたが、各数値は四捨五入して小数第1位までを示したため、表記上、計算が合っていない部分がある。
　　3）2010年12月調査の値と2011年3月調査の値の差の有意性について、*：p<0.05、（*）：p<0.1で表した。
出所：拙稿「消費者のライフスタイルと消費行動の実態及び変容に関する研究－消費者リーダーの活動とその効果の分析」『消費者教育』第33冊、pp.19-29、表1に同じ

図表5-5　「消費者啓発の刺激」の種類別にみた一般消費者のライフスタイルと消費行動の変化

動にも波及していく可能性のあることが明らかとなった。

5.4 まとめ
－持続可能な消費者市民社会を創る消費者と事業者の育成－

　以上のように、RCの活動は、メンバー自身と周囲の一般消費者の消費やライフスタイルを環境配慮型にしたり、慎重な行動へ導くなどの変化をもたらすことが推察された。このような変化は、自ら持続可能な消費者市民社会を創り出すために積極的に行動しようとする主体を育む消費者教育がめざす方向性と一致し、その実践と効果に、大いに興味が寄せられる。

　一方、RCが、単なる消費者のみの学習活動の場ではなく、事業者（生産者、流通販売者）と消費者との相互学習型プラットホームであるという認識に立つとき、その仕組みは「多様な主体の連携による消費者教育」という点でも意味がある。2013（平成25）年6月に閣議決定した「消費者教育の推進に関する基本的な方針」では、今後は「各主体の連携・協働」や「様々な場における消費者教育」を展開していかなければならないことが明記され、「事業者・事業者団体による消費者教育」を充実させる必要性も掲げられた。

　消費者、流通販売者、生産者の共創・創発による相互学習型プラットホームが、持続可能な市場の形成をめざす新しい消費者教育に寄与することを期待したい。

参考文献

・日本消費者教育学会『新消費者教育 Q&A』中部日本教育文化会（2007）
・拙稿「消費者のライフスタイルと消費行動の実態及び変容に関する研究－消費者リーダーの活動とその効果の分析－」『消費者教育』第 33 冊、pp.19-29（2013）
・拙稿「変革の消費者教育」消費者問題研究グループ（座長 小木紀之）『消費者市民社会と企業・消費者の役割』中部日本教育文化会（2013）
・岩本諭・谷村賢治編著『消費者市民社会の構築と消費者教育』晃洋書房 （2013）
・消費者庁「消費者教育の推進に関する基本的な方針」（2013.6.28）

メディアへの掲載③

Risa Feb.2011 Vol.141

リサ検定 3択クイズで環境について学びましょう。問題は3問、全問正解者の中から3人に1,000円分の図書カードを進呈します。はがきに答えを記入して、「リサ2月号『リサ検定』係」まで。プレゼントへの応募と兼ねても構いません。アンケートにもお答えください。（あて先はP5参照）

特集：あなたの買い物が社会を変える   Report

売り場に届け！消費者の生の声

スーパーマーケットへ買い物に行ったとき、「トレーのいらない商品はばら売りすればいいのに」とか「野菜の旬が分かるように表示してほしい」といった思いを抱いたことはありませんか？　そんな消費者の生の声を取り入れ、環境に優しい新しいスーパーを作り出そうという「おかいもの革命！」プロジェクトが、アピタ千代田橋店（千種区）を舞台に行われています。買い手と売り手、作り手による議論から良いアイデアは生まれたのでしょうか？今回のRisaは、このプロジェクトを通じて買い物のあり方について考えます。

アピタ千代田橋店の2階エレベーター前が「おかいもの革命！リサーチャーズクラブ」のワークショップスペースに変身。活発に議論が行われました

近所の主婦とお店の相互学習の場

とある土曜日の午前、千種区にあるアピタ千代田橋店の2階エレベーター前。近所の主婦とおぼしき女性たちと男性店員が車座になって何やら話し合っています。

何かを売っているわけでもないし、商品やサービスの説明会というわけでもなさそうです。いったい何をしているのでしょう？

ちょっとのぞいてみると――。

「食品トレーは全てリサイクルされているの？」「野菜が収穫されて店頭に並ぶまでの日数が知りたいわ」「野菜の保存方法を棚や包装などに表示してはどう」「PB商品の値段は安いけど、品質はいいのかしら？」といった、女性ならではの鋭い意見や質問が続々。お店の担当者もメモを取りながら、彼女たちの声に熱心に耳を傾けていました。

実はこれ、「おかいもの革命！リサーチャーズクラブ」のワークショップの様子です。商品の売り手と買い手が相互に学習を重ねながら、より楽しく、より環境に優しい買い物ができる場を作り上げることを目的としたプロジェクトなんだそうです。

アピタ千代田橋店の売り場に掲示されるポップのひとつ。リサーチャーズクラブが注目し、リサーチしている商品であることを示す

売り場に注目

2月下旬に店頭で活動成果を発表

リサーチャーズクラブのメンバーは公募で選ばれた20～60代の女性18人。よくこの店を利用するという、ごく一般の主婦たちです。昨年9月のクラブ設立以降、「容器包装」「食（野菜）」「エコ商品・PB（プライベート・ブランド）商品」の3チームに分かれて、お店の担当者を交えたミーティングや店舗リサーチを行い、どうしたらもっと買い物がしやすくなるのかを考えてきました。

アピタ千代田橋店の後藤博志店長は「リサーチャーズクラブの取り組みを通じて、私たちがいいと思ってやっていたことも、お客さまの目線で見てみると、必ずしもそうでもないことがあると気づくことができました。多くの方に『私のお店』と思ってもらえるよう、これからもお店づくりにどんどん参画していてもらいたいですね。

2月下旬には、アピタ千代田橋店の店頭でこれまでの活動成果をまとめたデモンストレーションが行われます（詳しくは下欄「リサーチャーズクラブがまとめた活動の成果」を参照）。皆さんも、お客とお店がどんな意見を出し合って、どんなものを作り上げてきたのか、確かめに行ってみてください。きっと、これからの買い物に役立つヒントが見つかるはずです。

「おかいもの革命！」プロジェクトとは…

JST（独立行政法人科学技術振興機構）に採択された「名古屋発 低炭素型買い物・販売・生産システムの実現」プロジェクトが実施している社会実験。今年ご紹介しているリサーチャーズクラブのほか、消費者・販売者・生産者の相互学習による低炭素型商品の開発、野菜の低炭素食習慣のモデル化、新しい価値に根差したライフスタイルを盛り込んだ手順レシピの作成などにも取り組んでいます。

リサーチャーズクラブ3チームがまとめた活動の成果

容器包装チーム

食品トレーの必要性を議論、過剰包装している商品はないかをリサーチし、少しでもごみを減らすために何ができるのかを考えてきた「容器包装チーム」。成果発表では、次の四つに取り組みます。

● シンプルな包装をしている商品をアピールするため、売り場にポップを掲示
● 売り場にアンケートパネルを掲示して、包装に対する利用者の意識を調査
● ごみ減量に関するお店の取り組みをアピールするポスターを掲示
● 改善してほしい商品など過剰包装についての要望書をお店に提出

食（野菜）チーム

流通経路から栽培方法まで、野菜のさまざまなことについて勉強してきた「食（野菜）チーム」。地産地消の旬の野菜を食べることがエコにつながる、という意見でまとまりました。具体的には、愛知県産の旬の野菜にこだわりPRしていきます。

● 愛知県産のブロッコリー、ハクサイ、長ネギ、キャベツ、ホウレンソウのポップを掲示する。ポップにはメンバーのおすすめポイントとレシピの写真を掲載
● ポップで紹介したレシピの詳しい内容を「おかいもの革命！リサーチャーズクラブ」のホームページで紹介
http://okaimonokakumei.her.jp

環境情報紙 Risa　2011年2月号

第6章　購買行動の変容による CO_2 削減効果の評価

－食料品を対象として－

6.1　はじめに

6.2　GHG 排出量の推計
　6.2.1　ライフサイクルアセスメント（LCA）
　6.2.2　推計対象・方法
　6.2.3　食料消費に関わる GHG 排出量の推計結果

6.3　野菜・果物を対象とした環境負荷削減策の評価
　6.3.1　評価シナリオ
　6.3.2　環境負荷削減ポテンシャルの評価結果

6.4　まとめ

6.1 はじめに

　購買行動の「脱温暖化」の実現に向けて、消費者・流通販売者・生産者それぞれの石油依存型から脱却する取り組みが求められる。なかでも日常的に購入される食料品については、家計の消費行動に伴う二酸化炭素排出量において、その占める割合が比較的高い[1]ことから、購買行動の変容によって一定の効果が期待される。また、食品は、商品・売場が目に触れる機会が多いため、消費者の意識向上への働きかけが行いやすいものと考えられる。

　消費者の購買行動変化を促す際に、どのような商品選択を提案すべきかについては、その効果を定量的に把握した上で決定すべきであろう。より消費者にとって（金銭的・時間的）負担が少なく、効果の大きい行動への変化であるほど、その提案の「脱温暖化」への寄与が大きくなる。そのため、商品購買による温暖化への影響を定量的に示す必要がある。わが国においては、食料の生産時における化学肥料の投入や農業機械の使用、国外からの輸入や国内流通時の輸送など、消費者の手に渡るまでの各段階で、化石燃料の消費による二酸化炭素等の温室効果ガス（GHG）を排出している。したがって、これらの影響を総合的に捉えて消費変容の効果をみる必要がある。

　そこで本稿では、日本において消費されている主要な食料を対象に、サプライチェーンの上流から下流までを包括的に捉えて環境への負荷を評価するライフサイクルアセスメント（LCA）の手法を用いて、その生産・流通過程におけるGHG排出量を推計する。そのうえで、消費者の食品選択および食品関連の環境負荷削減施策を取り上げ、それ

らの効果を比較検討する。

6.2　GHG 排出量の推計

6.2.1　ライフサイクルアセスメント（LCA）

ライフサイクルアセスメント（Life Cycle Assessment、LCA）は、製品・サービスのライフサイクル、すなわちその製品・サービスの生産から流通・消費・廃棄に至る過程における環境への影響を包括的に評価することである。**図表 6-1** は、家庭での米の購入を事例とした製品ライフサイクルの例を示す。この事例では、農業生産から家庭での調理、包装の廃棄までを製品のライフサイクルと考えている。LCA では、ライフサイクルを通じて各段階の資材・燃料の投入や製品・副産物の産出、それに伴う環境負荷の排出を考慮する。投入物については、そのサプライチェーンをさかのぼって、資材の製造工程における環境負荷を算定する。これにより、製品やサービスに関わるすべての環境負荷を評価することができる。ライフサイクルの一部のみ評価した場合で環境負荷の削減になる行動が、かえって他の部分での環境負荷を増大さ

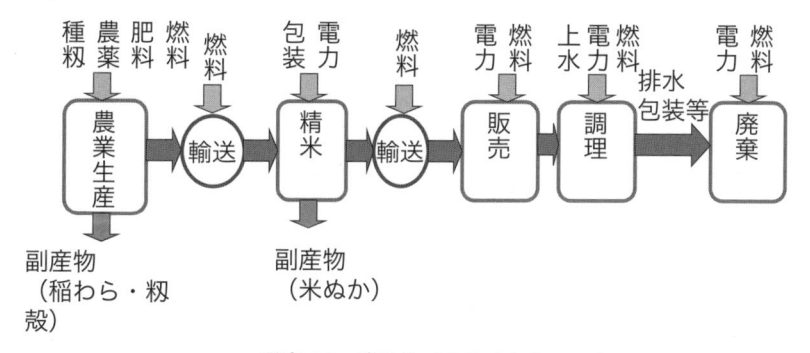

図表 6-1　米のライフサイクル

せる可能性がある。LCAは、このようなライフサイクル段階間のトレードオフや、環境問題間（たとえば、地球温暖化と富栄養化など）のトレードオフ関係を分析できることに特徴がある。また、あるライフサイクル段階の変化が他の段階に影響する場合にも、その影響を定量化することができる。

6.2.2 推計対象・方法

本稿では、地球温暖化影響の緩和の観点から、わが国の主要食料の消費に伴うGHG排出量について推計を行う。対象とする品目は、穀類（2品目）、肉類（3品目）、魚類（5品目）、野菜類（14品目）、果実類（9品目）とする。いずれも、各品類において国内での消費量の多い品目を選定している（図表6-2）。これらの品目について、生産・輸送および廃棄におけるGHG排出量を推計した。推計は、国内産品を中心として行ったが、小麦・牛肉・豚肉については、輸入割合が比較的高いため、輸入品の環境負荷についても検討した。推計対象年度は2005年とし、可能な限り2005年のデータを中心に用いた。

穀類	畜産物	水産物	野菜		果実	
米 小麦	牛肉 豚肉 鶏肉	まぐろ さけ さば ぶり さんま	キャベツ はくさい ほうれんそう ねぎ レタス たまねぎ だいこん	にんじん さといも ばれいしょ トマト きゅうり なす ピーマン	みかん りんご なし ぶどう かき	もも すいか メロン いちご

図表6-2　推計対象品目

農業生産におけるGHG排出量の推計では、農林水産省による各品目の生産コスト[2]に関する統計データを用いる。各品目の費目別の

生産費に、3EID[1]をもとにした部門別購入者価格あたりのCO_2排出原単位を乗じて算出した。ただし、排出量への寄与が大きいと考えられる光熱費・飼料費については、各生産費データに物量ベースでの投入データがある場合、物量ベースの原単位を用いて推計した。牧草・乾草等の粗飼料については、別途牧草等の生産費データから重量あたりの排出原単位を算出し、とうもろこしを中心とする濃厚飼料についても、米国産を仮定し、重量ベースの排出原単位を推計し、これを畜産物のGHG排出量推計に用いた。また、農業におけるメタン・亜酸化窒素、畜産業におけるメタン排出についても、温室効果に対する寄与が相対的に大きいため、別途推計した。日本国温室効果ガスインベントリ報告書[4]に準じ、窒素肥料の施肥・作物残渣のすき込み・家畜糞尿処理による亜酸化窒素と、稲作・家畜の消化管発酵・家畜糞尿処理に伴うメタンを計上した。なお、農業副産物（稲わら・家畜糞尿など）への環境負荷の配分は行わず、環境負荷はすべて主産物に負担させるものとした。

輸入品の環境負荷推計を行う品目（小麦・牛肉・豚肉）については、米国産を仮定して環境負荷を推計した。輸入品についても、国内産と同様、CO_2排出量に関しては生産費に費目別の原単位を乗じることで算出した。

食料輸送時については、卸売市場データをもとに生産・消費地（都道府県）間の品目別輸送量を品目別に推定し、GHG排出量を算出した。そのほか、県内の配送によるGHG排出量について、小型貨物車による25kmの輸送を仮定して計上した。ただし、穀類・畜産物に関しては、都道府県間輸送量の推計に十分な資料が得られなかったため、

---

1 産業連関表を用いた産業部門別の環境負荷原単位。詳細はウェブサイト[3]参照

産業連関表より、各品目の平均的な CO_2 排出量を推計した。輸入品に関しても、米国の生産地から輸出港までの自動車輸送と米国からの海上輸送（穀物：ばら積み船、畜産物：コンテナ船）を計上した。

以上の品目別の重量あたり GHG 排出量に各品目の消費量を乗じることで、主要食料の生産・輸送に伴う環境負荷を推計した。

6.2.3 食料消費に関わる GHG 排出量の推計結果

畜産物および野菜の品目別の GHG 排出量の推計結果を**図表 6-3・6-4** にそれぞれ示す。畜産品では、消化管発酵や糞尿処理に伴う CH_4 や N_2O の占める割合が高い。輸入品との排出量の差は、国内産の飼料輸入による差に加え、糞尿処理方法の違いによる部分も大きくなった。また、飼料の生産による間接的な排出量も多いが、とうもろこし等の飼料輸入に伴う輸送による排出も一定程度の割合を占めた。野菜では、施設野菜の加温による燃料消費により、冬季の果菜類やみかん

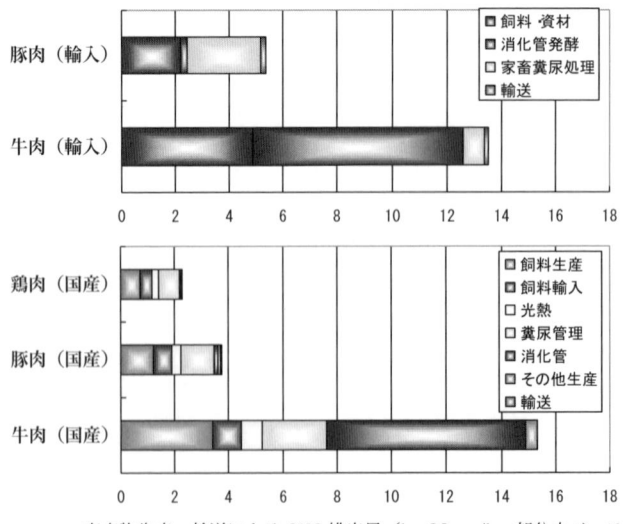

畜産物生産・輸送による GHG 排出量（kg-CO_2eq/kg, 部分肉ベース）

図表 6-3 畜産物のライフサイクル GHG 排出量推計結果

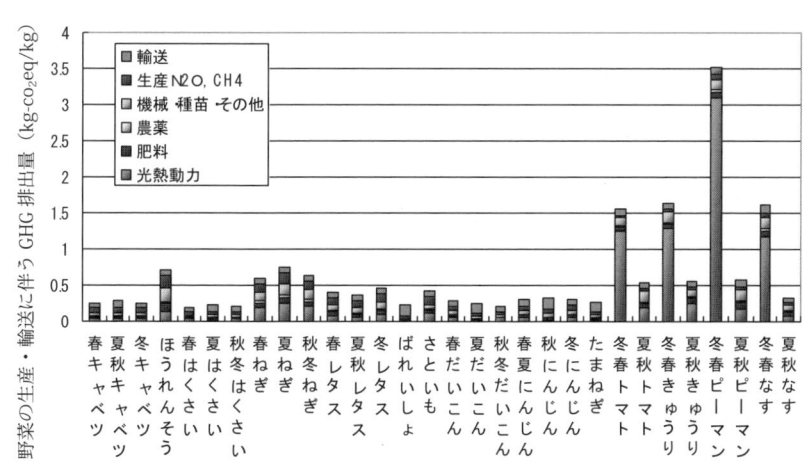

図表6-4 野菜のライフサイクルGHG排出量推計結果

について、同一品目の露地栽培の2～20倍の排出量となった。また、冬季に加温栽培が行われない品目についても、だいこんやねぎのように、「旬」とされる時期において他の時期よりも排出量が小さくなる傾向がみられた。魚介類については、GHG排出量のほとんどが漁船の燃油または養魚飼料に由来するものであった。

本稿で対象とした食料（野菜・果実・魚介類の対象外品目については各品類の平均値を外挿）の消費に伴うGHG排出量は、合計で約97.2MtCO$_2$eqとなった。これは対象年におけるわが国のGHG排出量の約7%に相当する（食料消費に伴うGHG排出量のすべてが国内で排出されているわけではないことに、留意が必要である）。品類別

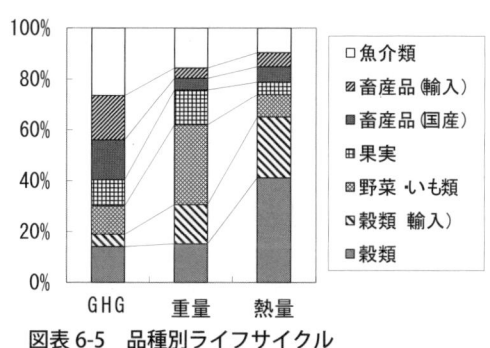

図表6-5 品種別ライフサイクル
GHG排出量・消費量・供給熱量

の GHG 排出量、消費量（食料需給表における国内仕向け量）、供給熱量のそれぞれの構成比を**図表 6-5** に示す。穀類は GHG 排出量に比して多くの熱量を供給していること、野菜・果実は重量と比べて GHG 排出量や供給熱量が小さいことが読み取れる。また、GHG 排出量では、蛋白質源である肉類、魚介類の占める割合が相対的に多くなっていることがわかる。

6.3 野菜・果物を対象とした環境負荷削減策の評価

6.3.1 評価シナリオ

本節では、食料消費による環境負荷の削減ポテンシャルを評価するために、消費側に関わる対策を中心に、削減対策シナリオを設定し、その効果を評価する。本稿では野菜・果物を対象として、7 つのシナリオについて定量評価を行った。以下はシナリオの詳細と環境負荷削減効果の推計方法である。なお、データ入手の制約条件により、本研究の対象品目の一部のみ試算したシナリオもある。

行動変容による温室効果ガス削減効果には、消費者のうち当該行動に変化する割合（行動者率）を考慮する必要があるが、本稿では、すべての消費者がその行動をとった場合の最大のポテンシャルを推計することとする。

(1) 輸送最適化（地産地消）

輸送最適化（地産地消）シナリオでは、線形計画モデルを定式化し、時期別データのある野菜（ほうれんそう・ばれいしょ・さといも・たまねぎを除く 10 品目）について環境負荷排出削減可能量を推計した．各品

目の各都道府県の発量と着量および各都道府県間の輸送機関分担率（重量ベース）を現状から変化させずに、都道府県間の輸送量を変化させ、温室効果ガス排出量の最小化問題を解き、現状の排出量との差を削減可能量とした。

(2) モーダルシフト

本稿のモーダルシフトシナリオでは、都道府県間輸送のうち500 km以上の自動車輸送を対象に、その50％（トンベース）を鉄道による輸送に代替した場合の環境負荷削減効果を推計した。対象品目は輸送最適化（地産地消）と同じ10品目とする。

(3) 旬産旬消

旬産旬消シナリオでは、冬季の施設栽培野菜4品目（トマト・きゅうり・ピーマン・なす）のうちの20％分を夏季の消費に振り替え、冬季から夏季にシフトした分と同等（量・栄養成分（ビタミンC・カロテン）について）の夏季の野菜消費を、冬野菜を中心として冬季にシフトさせた場合の、環境負荷削減効果を算定した。おかいもの革命プロジェクト[5]による一般消費者を対象としたアンケートでは、冬にピーマン・トマトを買う量を「減らせる」と答えた割合はそれぞれ71.8％・63.6％おり、これらの消費者がすべて行動に移したものとすると、およそ実行した消費者がおよそ30％のシフトを実施した場合がこれに相当する。推計対象品目は、通年需要の傾向が強く対策の困難性が予想される業務・外食部門を除いた、家計部門で消費される野菜14品目とする。

(4) 食品ロス削減

食品ロス削減シナリオでは、家庭における食品ロスを20％削減した場合の環境負荷削減効果を推計する。食品ロスの削減シナリオの設定にあたっては、食事が提供するサービス（ここで摂取量・栄養素量）を一定とするため、各品目ともにその摂取量は変わらないこととした。すなわち、摂取量は変化せず必要な生産量が変化（減少）することになる。食品ロス削減により廃棄量が削減されることのほか、過剰生産を回避することによる環境負荷削減効果も得られることとなるため、双方について推計を行った。本シナリオでは、家計消費される全ての野菜・果物を推計対象品目とする。廃棄削減量に単位廃棄量あたりの環境負荷量を乗じたものに、過剰生産の回避量に単位消費量あたりの生産から小売までの環境負荷量を乗じた削減量を加えたものを環境負荷削減ポテンシャルとする。輸入品の減少に波及する可能性があるが、輸入品の環境負荷のデータが十分得られないため、評価には国産品の環境負荷量を適用する。

(5) 施肥量低減

　施肥量低減シナリオでは、削減により収穫量や品質に大きな影響が出ないと考えられる範囲内として、栽培時の施肥量を一律20％削減した場合の環境負荷削減効果を推計する．推計対象品目は全ての野菜・果物とする。

(6) 施設栽培の省エネルギー化

　施設野菜の省エネルギー化シナリオでは、施設栽培における加温エネルギー（現状ではA重油が多い）をすべて空気を熱源とするヒートポンプに転換した場合の環境負荷削減ポテンシャルを推計する。本研究では、エネルギー消費効率(COP)を3.0として推計を行った。対象品

目は冬春期の果菜類・ハウス栽培果実とする。

(7) 食品リサイクル

食品リサイクルシナリオでは、現状における食品廃棄物または農業残さのうち、廃棄（焼却等）されている分全量を堆肥化またはメタン発酵によってリサイクルする場合の環境負荷削減効果を推計した。食品廃棄物・畜産廃棄物全てを堆肥化した時の堆肥供給量は需要量を超えるという報告[6]があるため、ここでは、堆肥化50％、メタン発酵50％の割合でリサイクルされるものとする。

6.3.2 環境負荷削減ポテンシャルの評価結果

(1) 輸送最適化（地産地消）

輸送最適化（地産地消）シナリオでは、従来の都道府県間輸送の発着地の組み合わせが環境負荷（CO_2）を最小にする方向に変化する。この変化には、輸送距離の短縮による効果（本来の意味での地産地消）に加えて、現状で鉄道や船舶の分担率の高い都道府県間の輸送が増えることによる環境負荷削減効果も含んでいる。

品目・時期別に比較すると、春はくさい・春レタス・秋冬だいこんの削減ポテンシャルが高く、これらの品目では輸送距離の短縮による効果が大きい一方、秋にんじん・夏はくさいなどの削減ポテンシャルが小さくなった。当該時期に全国で広く栽培されている品目について、削減ポテンシャルが高く推計された（**図表6-6**）。

対象10品目のライフサイクル全体での平均GHG削減ポテンシャルは4.8％、これは輸送段階のGHG排出量の30.3％の削減にあたる。

(2) モーダルシフト

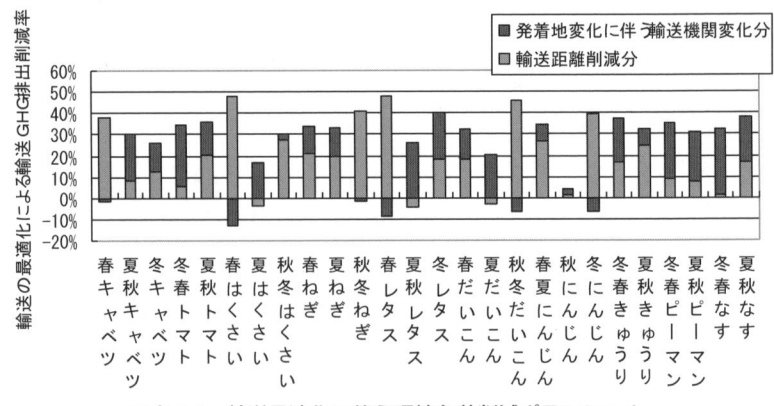

図表 6-6　輸送最適化に伴う環境負荷削減ポテンシャル

モーダルシフトシナリオでは、夏秋キャベツ・夏秋トマト・夏秋ピーマン・夏秋なすなどの旬でない時期の品目の削減ポテンシャルが高く、これは他の時期に比較して輸送距離の長い輸送が多いことが原因であると考えられる。平均輸送距離の長い品目においても、秋にんじん・夏だいこんのように削減ポテンシャルの高くないものがあるが、これらの品目は従来から海運（フェリーを含む）の分担率の高い北海道からの輸送が多い品目であることから、削減ポテンシャルが低くなったといえる。

対象10品目のライフサイクルGHG削減ポテンシャルは2.3％と推計された。これは輸送GHG排出量の14.5％の削減にあたる。これらの値は輸送最適化(地産地消)シナリオにおける削減効果の半分程度となっているが、モーダルシフト化率（500ｋm以上の自動車輸送を鉄道輸送に代替する比率）を100％近くまで高めた場合では、同程度の削減効果が得られる。

(3) 旬産旬消

旬産旬消シナリオにおける環境負荷削減ポテンシャルについては、

冬季のハウス栽培品の夏季へのシフトによる効果と夏季の冬野菜の冬季へのシフトに分けられる。対象14品目における両者を合わせたライフサイクル GHG 排出量に削減効果は4.7％、となった。このうち、夏季へのシフトによる効果は GHG4.4％、冬季へのシフトによる効果は0.20％と、ハウス栽培品のシフトによる効果の方が大きいことがわかった。

(4) 食品ロス削減

　食品ロスの20％削減による環境負荷削減ポテンシャルは、廃棄量削減による効果と過剰生産回避による効果に分けられる。両者を合わせた家計消費に伴う環境負荷削減効果は、GHG で2.5％となった。このうち、過剰生産回避分は2.4％であり、廃棄削減分は家計廃棄が10.6％減少することにより、0.07％の削減となる。廃棄段階での環境負荷ライフサイクル全体の中では相対的に小さいため、過剰生産の回避による効果が大きいと考えられる。食品ロスの削減率を40％とした場合、ライフサイクル GHG 効果はこの2倍程度となり、輸送最適化・モーダルシフト（モーダルシフト率100％）・旬産旬消とほぼ同等である。

(5) 施肥量低減

　施肥量の低減による環境負荷削減ポテンシャルは、ライフサイクル GHG 排出量に対して3.1％の削減となった。施肥の変更では、収量の変化が結果に影響を与えることから、大幅な施肥量の変化や特別栽培・有機栽培の評価を行う際には留意する必要がある。

(6) 施設栽培の省エネルギー化

施設栽培の省エネルギー化に伴う環境負荷削減ポテンシャルは、本研究の対象野菜・果実 24 品目のライフサイクル環境負荷排出量の総計に対して、GHG で 7.5％の削減となった。ライフサイクル全体における寄与の大きい生産段階の対策であるため、対象である加温栽培品目については、25％(なす)～44％(ピーマン)と、比較的高い削減効果となる。

(7) 食品リサイクル推進

食品リサイクル推進シナリオ時のライフサイクル GHG 削減効果は、0.47％となった。ライフサイクル全体に占める廃棄段階の排出量割合が小さいため、相対的に低い結果となったが、廃棄段階のみでは約 23％の排出削減効果となる。

(8) シナリオの総合評価

これら 7 つのシナリオの削減効果を削減率として比較した結果を**図表 6-7** に示す。これらの結果を比較する際には、データ制約等から 7 つのシナリオの推計対象範囲が一致していないこと、対策のコスト・容易性が評価されていないことに留意する必要がある。仮に、7 つのシナリオを全て実施した場合を想定し、家計消費部門の野菜 14 品目を対象として算出（モーダルシフト・地産地消は対象 10 品目の削減率を外挿）すると、4.5Mt-CO_2-eq（22.7%）の GHG 削減が可能となる。これらの削減ポテンシャルにおける各シナリオの寄与率を**図表 6-8** に示す。GHG では施設栽培の省エネルギー対策のポテンシャルが最も高く、生産段階での対策（施設栽培省エネ＋施肥量削減）と消費および輸送（食品リサイクル除く）の削減ポテンシャルがほぼ同等となった。

図表 6-7　GHG削減ポテンシャル（％）

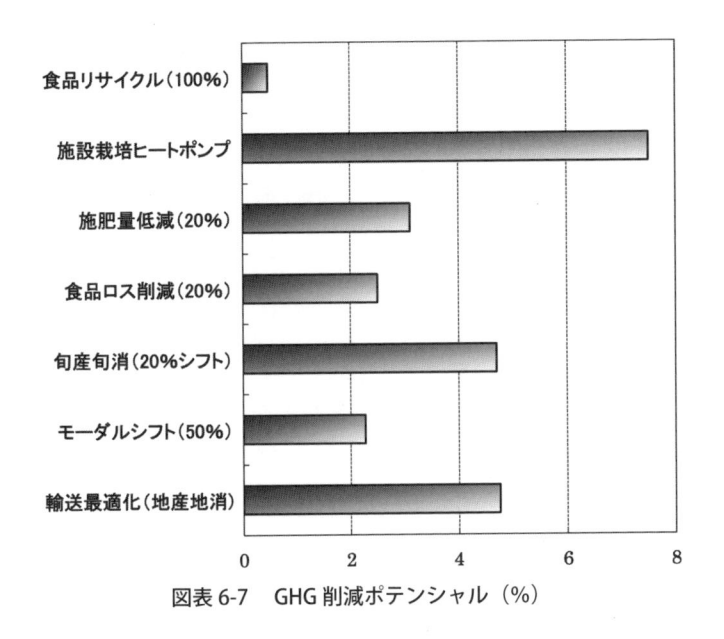

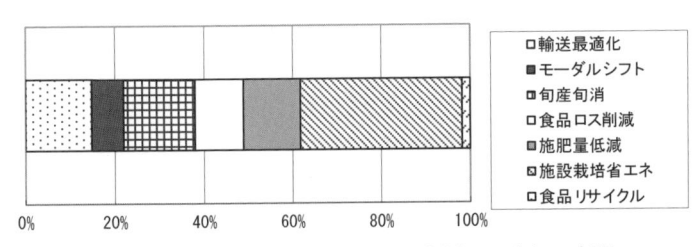

図表 6-8　全シナリオの実施時のGHG削減への寄与の内訳

6.4　まとめ

　本稿では、日本における主要食料消費の消費に伴うGHG排出量の推計を行ったうえで、消費者の購買行動に関わるシナリオ、生産者の環境負荷削減努力に関するシナリオについて、GHG排出量削減効果

の評価を行った。多くのシナリオで、各ライフサイクル段階の4～30％程度の削減効果が得られることがわかった。なかでも、冬季の加温栽培に関わる対策（施設栽培ヒートポンプ・旬産旬消）については、いずれも削減ポテンシャルが高く、積極的な対策の必要性が示唆される。野菜・果物消費全体のライフサイクルを通してみると、個々のシナリオの削減ポテンシャルは最大で8％程度であり、すべての組み合わせによって20％程度の削減となる。すなわち、個々の対策のみでは劇的な削減は見込めない。「脱温暖化」にむけて、各ライサイクル段階におけるステークホルダー（消費者・生産者・流通販売者）すべての行動が必須であることが、改めて明らかとなったといえる。

　本稿では野菜・果物を対象としてGHGの削減ポテンシャルを推計したが、消費者の意識・負担や生産・流通販売者にとっての追加的コストなど、対策実施の容易性を考慮しなければならない。また、本稿で対象としていない穀類や畜産物・魚介類については、現状での排出量がより多いことから、これらの対策についても評価し、食品に関わるステークホルダーへの定量的根拠にもとづいた提案につなげていく必要がある。

参考文献

1) UNEP Assessing the Environmental Impacts of Consumption and Production: Priority Products and Materials, A Report of the Working Group on the Environmental Impacts of Products and Materials to the International Panel for Sustainable Resource Management.2010
2) 農林水産省：統計情報 < http://www.maff.go.jp/j/tokei>
3) 国立環境研究所：産業連関表による環境負荷原単位データブック (3EID) <http://www.cger.nies.go.jp/publications/report/d031/index-j.html>
4) 国立環境研究所　温室効果ガスインベントリオフィス：日本国温室効果ガスインベントリ報告書
5) 科学技術振興機構社会技術研究開発センター：戦略的創造研究推進事業「地域に根ざした脱温暖化・環境共生社会」名古屋発！低炭素型買い物・販売・生産システムの実現 平成23年度研究開発実施報告書
6) 花木啓祐、新巻俊也、鈴木英司：都道府県単位における民生部門由来廃棄物コンポストの需給バランスの解析、第11回廃棄物学会研究発表会講演論文集、pp220-222、2000

メディアへの掲載④

Feb.2011 Vol.141　Risa　3

Interview　　　　　　　　　　　　　　　特集：あなたの買い物が社会を変える

共感を持ち、知識を身に付け、楽しく買い物を！
エコな消費者が増えれば、社会の仕組みも変わるはず

永田潤子さん　「おかいもの革命！」全体研究ディレクター、大阪市立大学大学院創造都市研究科 准教授

買い手、売り手、作り手が相互に学習

「おかいもの革命！」プロジェクトの目的は、消費者が賢くなることにより、川下から流通や生産の構造を変えていくことです。例えば生産者がエコな商品を作っても、買い手や売り手にその情報が伝わらなければ、その商品は売れませんよね。今の買い物を取り巻く環境は、買い手、売り手、作り手がそれぞれの世界で分断されていて、コミュニケーションが取れていないのではないでしょうか。そうした関係を改善して、生産者は良い物を作って、販売者は売って、消費者はそれを買い支えるという良い循環を生み出すために、「おかいもの革命！」ではさまざまな活動に取り組んでいます。

その取り組みの中のひとつがリサーチャーズクラブです。買い手、売り手、作り手の関係を作り直すには、どこかだけが頑張っていても駄目。3者が相互に学習して、いい方向に向ける取り組みにしようと企画したものです。

スーパーを舞台に行うこととしたのは、消費者と生産者がつながる場となり得るからです。消費者が誰でも自由に参加できて、日々の暮らしを見つめ直すことができると考えました。なお、名古屋で行うのかというと、この街は大都市なのですが、まだ地域のつながりとかコミュニティーが残っているからです。

「環境はお金をかけずに貢献」が消費者意識

本来、買い物って楽しいものだと思うのです。それが「環境」が前面に出てしまうと、途端に頭で考えたり迷ったりしてしまう。興味がわかないと、楽しくもないですよね。

私たちの調査では、「環境は大切なことだけど、できるだけお金をかけずに貢献したい」という考えの消費者が多いことが分かりました。そんな人たちも「健康にはお金をかけてもいい」と考えているんですね。であれば、健康に良い取り組みが環境問題にもつながっているという流れを作れば、共感を覚えてもらえ、買い物も楽しくできるのではないでしょうか。

リサーチャーズクラブでは、メンバーの皆さんにエコの観点からお店や商品に対する素朴な疑問や意見をどんどんぶつけてもらっています。「よりよい暮らしを送るために」と、皆さんまじめに一生懸命取り組んでくれています。

こうした消費者目線の情報をきっかけに、多くの人に共感を覚えてもらい、環境に関する正しい知識を身に付けていってもらえるといいですね。リサーチャーズクラブのスローガンは「shopping for a better world」。賢い消費者になって、消費者からよりよい社会をつくっていきましょう！

3月12日にイベントを開催

旬の野菜をおいしくエコに食べる「重ね煮」研究家・戸練ミナさんの講演会とリサーチャーズクラブメンバーからの公開セッションを行います。「おかいもの革命！」の活動に興味のある方は、ぜひご参加を！
●日時／3月12日（土）13:00～16:00　●場所／愛知県産業労働センターウインクあいち（中村区名駅）
●申し込み・問い合わせ／おかいもの革命！リサーチャーズクラブホームページから　http://okaimonokakumei.her.jp

---

プロフィール・永田潤子（ながた じゅんこ）
柴岡県生まれ。海上保安大学校初の女子学生として入学。26歳で女性初の巡視艇艇長に。海上保安大学校助教授を経て、2003年4月より現職。改革派官僚を集めた「政策分析ネットワーク」でコアメンバーとしても活動。08年JST名古屋プロジェクト「おかいもの革命」のプロジェクトをまとめる全体研究ディレクターを務めている。

⚡ **エコ商品・PB商品チーム** ⚡

ユニーのPB商品「Style ONE」シリーズのいくつかの品を、実際に家庭で使用しモニタリングしてきた「エコ商品・PB商品チーム」（通称はteam eppy＜チーム・エッピー＞）。それぞれの感想を取りまとめて、利用者に紹介していくことにしました。

● 商品を使ってみた感想や、その商品の評価を記載したポップを掲示
● モニタリングをした商品を全て集めて紹介するPB商品紹介コーナーを売り場内に設置

環境情報紙 Risa　2011年2月号

第7章　野菜の購買と脱温暖化シナリオ

7.1　はじめに

7.2　評価方法
7.2.1　青果物のGHG排出量算出方法
7.2.2　シナリオ設定

7.3　結果と考察

7.1 はじめに

二酸化炭素（CO_2）やメタン（CH_4）、一酸化二窒素（N_2O）などの温室効果ガス（Green House Gas（GHG））は産業革命以降増加傾向にあり、その削減の必要性がメディアなどで報道されている。GHG の排出源としては、産業、輸送、家庭等さまざまな要因があり、各要因における温室効果ガス排出量の算出が行われている。このうち、食料の生産から廃棄に至るライフサイクルアセスメント（LCA）の過程において排出される GHG も発生源のひとつであり、GHG 排出量の算出も行われている [1,2] が、生産、輸送等各段階で排出量原単位の細かな算出が困難であり、精度を高める必要性が指摘されている。

こうした食料品のライフサイクルに伴う温室効果ガスの排出を減少させるため、生産者はより GHG 排出量の少ない栽培方法で生産を行う、流通販売者はより GHG 排出量の少ない、近隣で生産された食料品や、旬の時期に生産された食料品を販売する、消費者は地元産や旬の食料品を購入するといった、三位一体となった GHG 排出量削減への取り組みが重要となってきている。中でも食料品の主な購買層である消費者に対しては、地元産のものを優先して購入する地産地消、旬のものは旬の時期に購入する旬産旬消という考え方が GHG 排出量削減において有効であり、消費者の行動変革が、生産者・流通販売者の意識の変革を促すと考えられるが、消費者自身には GHG 削減量といっても、現時点ではカーボンフットプリント（CFP）も食料品にはあまり浸透しておらず、具体的にイメージしにくいと思われる。

すなわち、消費者に対し、地産地消や旬産旬消の効果を具体的な数

値で示すことにより、GHG 排出量削減への取り組みが一層進むものと考えられる。

そこでこの章では、消費者に対し食料品の GHG 排出量をわかりやすく表示することを目標として、名古屋市内の家計部門が購入する主な青果物について、名古屋市中央卸売市場の入荷量に基づいた算出法を開発し、生産・輸送段階での 1kg あたりおよび年間の GHG 排出量を算出したので、その結果について報告する。

さらに、地産地消や再生可能エネルギーの利用をすすめることによる GHG 排出量の削減効果について、定量的評価を行ったので、その結果についても併せて報告する。

7.2 評価方法

7.2.1 青果物の GHG 排出量算出方法

図表 7-1 に示した 24 品目の青果物について、名古屋市中央卸売市場年報[3]より、平成 19~21 年の月別入荷量および年間入荷量を産地別に算出した。24 品目合わせると名古屋市中央卸売市場の取扱量全

野菜		果物	
★キャベツ	★大根	りんご	☆★ハウスみかん
★ほうれん草	★人参	梨	
★白菜	玉ねぎ	柿	☆★イチゴ
★ねぎ	☆★きゅうり	桃	☆★メロン
★レタス	☆★なす	★ぶどう	
ばれいしょ	☆★トマト	すいか	
里芋	☆★ピーマン	露地みかん	

図表 7-1　本研究における対象青果物

体の約 70% となる。

　また**図表 7-1** において、☆は加温型栽培、★は冷蔵または冷凍輸送を行っているとした品目である。加温栽培について、野菜 4 品目は冬から春に行うとし、果物 3 品目は 1 年を通じて加温栽培を行っていると仮定した。

　生産段階では、光熱動力、肥料、農薬、出荷、その他の 5 項目で CO_2 が排出されるとした。また、肥料の施用及び作物残渣のすきこみ時には N_2O が、エネルギー使用時には N_2O 及び CH_4 が排出されるとし、各項目についての排出原単位（$kgCO_2eq/kg$）[2]を、名古屋市中央卸売市場での入荷量に乗じることで、年間 GHG 排出量を算出した。

　また名古屋市中央卸売市場年報では、各青果物の生産都道府県別及び輸入国別の入荷量が示されている。そこで、自動車輸送、鉄道輸送及び海上輸送を合わせた、輸送段階における GHG 排出量を算出した。

　自動車輸送については各都道府県の県庁所在地から名古屋市中央卸売市場までの道路距離を輸送距離と仮定した。愛知県については、品目別の生産市町村から名古屋市中央卸売市場までの道路距離の平均を輸送距離と仮定した。

　海上輸送については各地の港湾から東京港まで輸送し、東京港から名古屋市中央卸売市場まで陸上輸送を行うと仮定した。

　自動車輸送、鉄道輸送及び海上輸送の比率および輸送過程における GHG 排出原単位は文献値[2]を参考とした。

　また輸送時に冷蔵又は冷凍輸送を行っていると仮定した品目については、その分の輸送時における GHG 排出量を加算した排出原単位[4]を用いて算出した。

　各段階での年間 GHG 排出量を入荷量で除して単位重量あたりの GHG 排出量を算出した。

7.2.2 シナリオ設定

7.2.1で算出した現状のGHG排出量に対し、地産地消および旬産旬消等によるGHG削減効果を評価するために、地産地消及び再生可能エネルギーへの転換について、以下の2通りのシナリオを考案し、GHG排出量を求め、削減効果の評価を行った。生産実績については都道府県別農作物統計表での出荷量を参考にした。

シナリオ①は地産地消の観点より、周年での生産実績があることを確認した上で、愛知県からの入荷を最優先し、次に近隣県（岐阜県、三重県、静岡県等）からの入荷を優先したシナリオを設定した。

シナリオ②は加温栽培を行っている7品目について、化石燃料による加温栽培から、太陽光発電や風力発電等の再生可能エネルギーを用いた加温栽培へ、10、30、50%シフトしたシナリオ（②-1、②-2、②-3）を設定した。このシナリオでは光熱動力の排出原単位にそれぞれ0.9、0.7、0.5を乗じて算出した。

7.3 結果と考察

図表7-2に、品目別の入荷量および主要生産地を示す。入荷量が最も多いのは、野菜では玉ねぎの約6万4千トン、果物では露地みかんの約2万3千トンであり、全品目合計では約41万トンであった。主要生産地はどの品目でも愛知県産が多いものの、北海道（ばれいしょ、玉ねぎ等）や熊本（すいか、メロン）など、遠方で生産され名古屋に輸送されてくる割合の高い品目もあった。

次に、**図表7-3**に野菜における品目別の生産段階における1kgあ

青果物名 （野菜）	入荷量 (t)	主要生産地	青果物名 （果物）	入荷量 (t)	主要生産地
キャベツ	42,352	愛知、群馬	りんご	19,623	青森、長野
ほうれん草	4,424	愛知、岐阜	梨	6,881	長野、愛知
白菜	36,340	長野、愛知	柿	6,577	岐阜、和歌山
ねぎ	5,249	愛知、北海道	桃	4,377	長野、山梨
レタス	20,841	長野、兵庫	ぶどう	4,079	長野、山梨
ばれいしょ	31,701	北海道、鹿児島	すいか	13,068	熊本、愛知
里芋	3,657	宮崎、中国	露地みかん	23,907	静岡、愛知
大根	26,982	愛知、青森	☆ハウスみかん	2,383	愛知、佐賀
人参	31,176	北海道、愛知	☆いちご	6,991	愛知、熊本
玉ねぎ	63,715	北海道、愛知	☆メロン	10,222	熊本、愛知
☆きゅうり	19,398	愛知、長野	果物合計	98,109	
☆なす	5,691	愛知、徳島			
☆トマト	15,963	愛知、岐阜			
☆ピーマン	6,650	宮崎、鹿児島			
野菜合計	314,138		全品目合計	412,247	

図表 7-2　品目別入荷量及び主要生産地

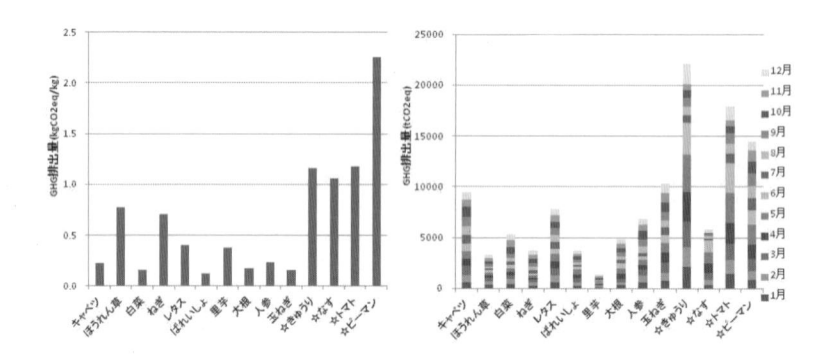

図表 7-3　野菜の生産段階の GHG 排出量
（左 1kg 当たり、右 1 年間当たり）

たり GHG 排出量および年間 GHG 排出量を示す。

　この結果、野菜ではピーマンやきゅうりなど加温栽培を行っている品目で 1kg あたりの GHG 排出量が高い傾向が見られた。

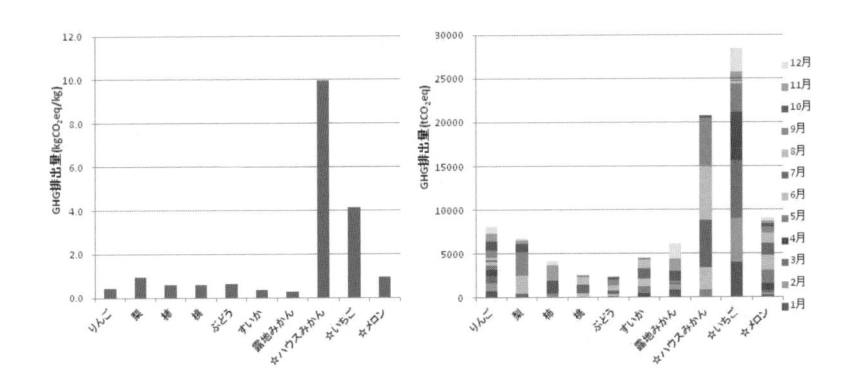

図表7-4 果物の生産段階のGHG排出量
（左1kg当たり、右1年間当たり）

　また、年間GHG排出量においてもやはりきゅうりやトマトなど加温栽培を行っている品目で高くなったが、入荷量も考慮しているため、入荷量の少ないなすでは、GHG排出量がそれほど大きな値にならず、露地栽培でも入荷量の多いキャベツや玉ねぎで大きな値となった。

　月別で見ると、露地栽培の野菜は月別のGHG排出量の差が小さいのに対し、加温栽培の野菜では、加温時期の排出量が大きくなる傾向が見られた。

　次に果物について同様に1kgあたりGHG排出量および年間GHG排出量を**図表7-4**に示す。

　この結果、果物においても野菜同様、ハウスみかんやいちごなど加温栽培を行っている品目で、1kgあたりGHG排出量、年間GHG排出量ともに大きな値となった。また果物は野菜と異なり、露地栽培の品目でも月別の排出量に差が大きく、旬の時期がはっきりしている傾向が見られた。

　次に生産地を考慮した、輸送段階における1kgあたりGHG排出量及び年間GHG排出量を品目ごとに**図表7-5**に示す。この結果外国産

<table>
<tr><th colspan="11">野菜</th></tr>
<tr><th></th><th>キャベツ</th><th>ほうれん草</th><th>白菜</th><th>ねぎ</th><th>レタス</th><th>ばれいしょ</th><th>里芋</th><th>大根</th><th>人参</th><th>玉ねぎ</th></tr>
<tr><td>1kg あたり GHG 排出量 kgCO₂eq /kg</td><td>0.029</td><td>0.010</td><td>0.040</td><td>0.042</td><td>0.040</td><td>0.103</td><td>0.120</td><td>0.063</td><td>0.062</td><td>0.077</td></tr>
<tr><td>年間 GHG 排出量 tCO₂eq</td><td>1242</td><td>46</td><td>1448</td><td>220</td><td>840</td><td>3260</td><td>439</td><td>1690</td><td>1921</td><td>4910</td></tr>
<tr><td></td><td>☆ きゅうり</td><td>☆ なす</td><td>☆ トマト</td><td>☆ ピーマン</td><td></td><td></td><td></td><td></td><td></td><td></td></tr>
<tr><td>1kg あたり GHG 排出量 kgCO₂eq /kg</td><td>0.055</td><td>0.021</td><td>0.042</td><td>0.104</td><td></td><td></td><td></td><td></td><td></td><td></td></tr>
<tr><td>年間 GHG 排出量 tCO₂eq</td><td>1073</td><td>122</td><td>678</td><td>689</td><td></td><td></td><td></td><td></td><td></td><td></td></tr>
</table>

<table>
<tr><th colspan="10">果物</th></tr>
<tr><th></th><th>りんご</th><th>梨</th><th>柿</th><th>桃</th><th>ぶどう</th><th>すいか</th><th>露地みかん</th><th>☆ ハウスみかん</th><th>☆ いちご</th><th>☆ メロン</th></tr>
<tr><td>1kg あたり GHG 排出量 kgCO₂eq /kg</td><td>0.115</td><td>0.052</td><td>0.016</td><td>0.057</td><td>0.068</td><td>0.062</td><td>0.028</td><td>0.044</td><td>0.044</td><td>0.147</td></tr>
<tr><td>年間 GHG 排出量 tCO₂eq</td><td>2248</td><td>359</td><td>108</td><td>248</td><td>277</td><td>806</td><td>661</td><td>104</td><td>305</td><td>1498</td></tr>
</table>

図表 7-5　輸送段階における GHG 排出量

の輸入が多い品目や、北海道や九州など遠方から名古屋へ輸送される量の多い品目で GHG 排出量が大きくなった。

　以上より、生産・輸送段階をあわせた合計の GHG 排出量について、1kg あたり排出量及び年間排出量を**図表 7-6** に示す。

　この結果からも、生産段階の GHG 排出量が占める割合が大きいために、野菜・果物いずれも、加温栽培の品目で GHG 排出量が大きくなる傾向が見られた。

　また露地栽培のばれいしょや玉ねぎは、北海道から輸送されてくる量が多く、輸送に伴う年間 GHG 排出量が約 3 割生じる結果となった。

　今回対象とした青果物 14 品目合計の年間 GHG 排出量は野菜が約

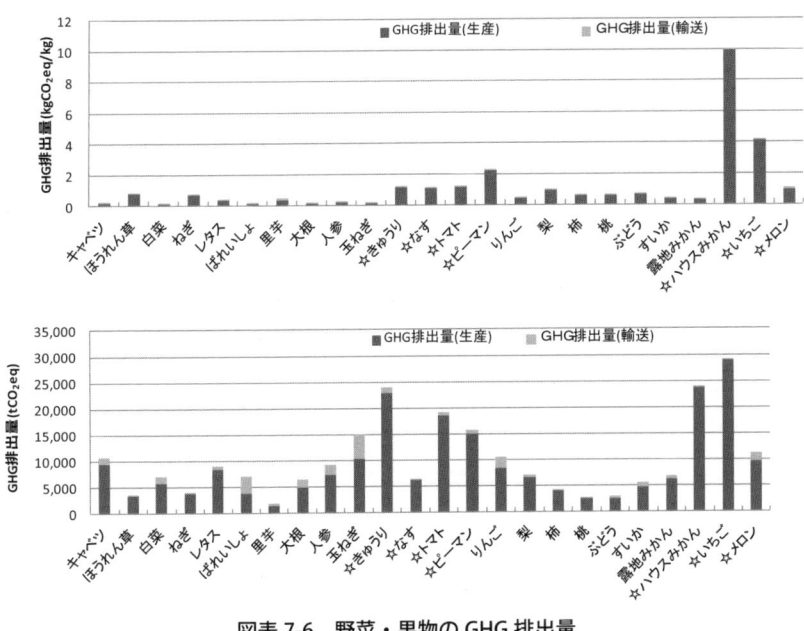

図表7-6 野菜・果物のGHG排出量
（上1kg当たり、下1年間当たり）

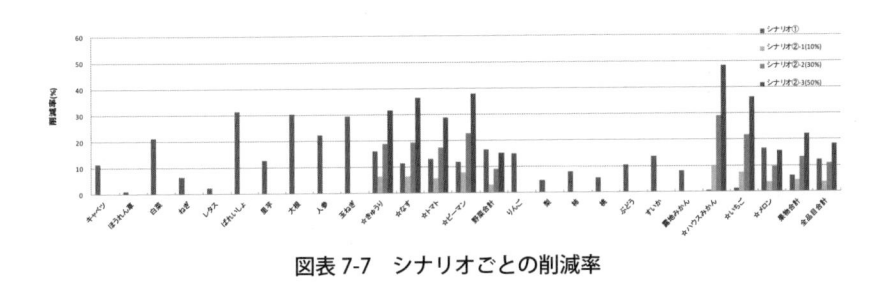

図表7-7 シナリオごとの削減率

14万tCO$_2$eq、果物が約12万tCO$_2$eqで合計約26万tCO$_2$eqであった。

次に各シナリオにおける削減率について考察するため、**図表7-7**にシナリオ①およびシナリオ②-1～②-3の年間GHG排出量に対する削減率を示した。

この結果、地産地消の効果についてみたシナリオ①では、遠方から

輸送されてくる割合の多いばれいしょ、玉ねぎ、大根等で約 30% と大きな削減効果となった。

また加温栽培品目のエネルギー転換についてみたシナリオ②では、シナリオ②-1 で最大約 10% の削減効果が、シナリオ②-3 では最大 50% の削減効果が見込まれた。

またシナリオ①とシナリオ②-3 を組みあわせることにより、対象とした青果物 24 品目を合わせた年間 GHG 排出量が、約 26 万 tCO$_2$eq から、約 17 万 tCO$_2$eq となり、およそ 30% の GHG 排出量の削減効果が得られることがわかった。

以上より、青果物の生産・輸送に伴う GHG 排出量を減少させるためには、地産地消を推進するとともに、化石燃料の使用から、再生可能エネルギーへの転換が重要であることが示唆された。

再生可能エネルギーについては、木質ペレットの利用や、太陽光・風力等の自然エネルギーを活用した発電方法などが、今後充実していくものと考えられており、将来的にエネルギーを 50% 転換することも不可能ではないと考えられる。

参考文献

1) 吉川直樹、天野浩二、島田浩二：環境システム研究論文集、Vol35(2007)、p499-509
2) 吉川直樹、天野浩二、島田浩二：環境システム研究論文集、Vol34(2006)、p245-252
3) 名古屋市市民経済局生活流通部消費流通課：名古屋市中央卸売市場　市場年報
4) 環境省、経済産業省：流通・販売段階の CFP の算定方法のあり方

おわりに

－プラットホームの普及による脱温暖化を目指して－

　プラットホームでの相互学習によるアプローチは、消費者、生産者、流通販売者にとってメリットのある形で低炭素型商品・サービスが受け入れられやすい土壌が形成され、地域に根ざした活動として、また、流通販売者の長期的な経営戦略として活用できる。

　したがって、このプラットホームが全国に広がることにより、消費者の行動変容という川下からの変化と、流通・生産の変化という川上からの変化が同時に起こり、日本のバリューチェーン全体が変わっていくことが期待できる。プラットホーム普及によって、消費者は低炭素型の商品・サービスへの理解を深めることができ、購買行動に変化が生まれる。また、流通販売者は消費者の疑問や反応を生で見聞きし、また、低炭素型商品やサービスの効果的な情報提供、店舗デザイン等販売に関する知見を学ぶことができる。消費者の小売業態別の購入を見ると、主食の年間購入額の 47.7% をスーパーマーケットで購入しており（2012 年新日本スーパーマーケット協会調べ）、得られた知見や成果が波及した場合その効果は非常に大きいといえる。

　また、相互学習型のプラットホームを普及させていくにあたって、関心を抱く流通販売者、参加を希望する消費者、運営主体の受け皿となる市民団体や大学などは一定数存在していると考えられる。

一方で、小規模の流通販売者にとってはリサーチャーズクラブを設置・運営する予算を確保するのが難しく、運営主体の役割が期待される市民団体等でも十分な資金を有していないという現状がある。これに対して、モデル事業等による政府の支援などによる資金面でのサポートや、プラットホームを運営することに対しての優遇制度と言った政策的な措置がとられることで、プラットホームの普及・定着につながっていくことが期待される。現在までに議論されているエコストアの設置基準にプラットホーム設置を盛り込むことも、その方策の一つとして有効であるといえるだろう。

　「名古屋発！低炭素型買い物・販売・生産システムの実現」研究開発プロジェクトは平成26年9月で終了したが、引き続き相互学習型プラットホームの普及に努めつつ、更なる知見を集約していきたい。

資　料

買い物と環境に関連するアンケート調査

目次

アンケート 1 　　買い物と環境に関するアンケート調査（2010 年 3 月実施）

アンケート 2 　　お買いものに関するアンケート調査（2011 年 6 月実施）

アンケート 1

調査名：買い物と環境に関するアンケート調査

実施時期：2010 年 3 月実施
実施方法：郵送調査法
実施対象者：2009 年 2 月におかいもの革命プロジェクトが実施したアンケート回答者から 1,000 名をランダムに抽出
回答者数：698 名

調査目的：スーパーでの買い物に関し、CO_2 削減により効果的かつ可能性のある消費行動パターンを見出し、CO_2 削減に向けた消費行動変革の基本構想を検討することも目的として、調査を実施した。
調査内容：個人属性、野菜や肉・魚を選ぶ基準、日用品を選ぶ基準、表示、スーパーマーケットの取り組み環境意識と行動について質問を行った。

158　資料

買い物と環境に関するアンケート調査

返送数：698（回収率　70％）
アンケート送付対象者：2009年2月実施アンケート回答者から1,000名ランダム抽出

> 質問A　生鮮食品（野菜・肉・魚）を購入する場合についておたずねします。

問1　「生鮮食品」を買うときに，以下の項目をどのくらい意識して購入していますか．もっとも当てはまるもの1つだけ○を付けてください．

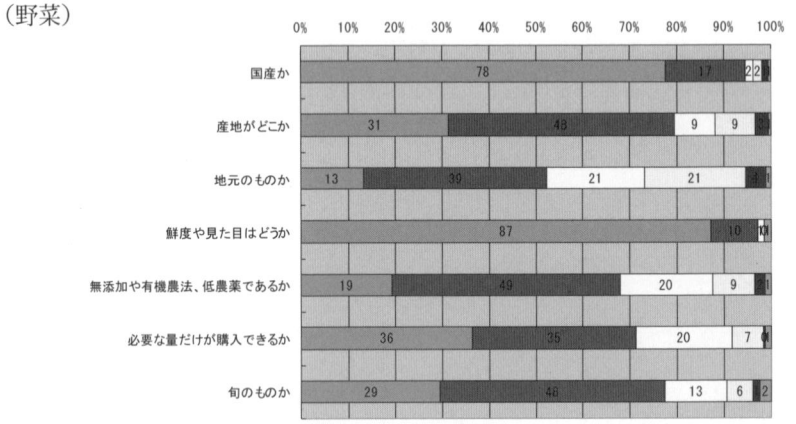

（野菜）

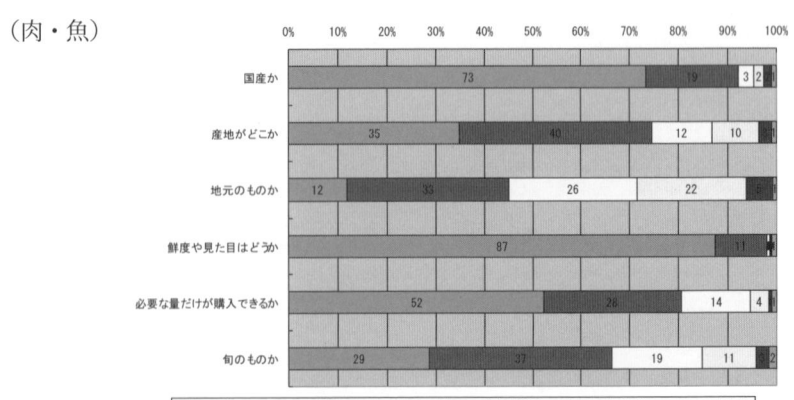

項目	常に意識している	時々意識している	どちらでもない	あまり意識していない	全く意識していない	無回答
国産か	78	17	2	2		
産地がどこか	31	48	9	9		
地元のものか	13	39	21	21		
鮮度や見た目はどうか	87		10			
無添加や有機農法、低農薬であるか	19	49	20	9		
必要な量だけが購入できるか	36	35	20	7		
旬のものか	29	48	13	6	2	

（肉・魚）

項目	常に意識している	時々意識している	どちらでもない	あまり意識していない	全く意識していない	無回答
国産か	73	19	3	2		
産地がどこか	35	40	12	10		
地元のものか	12	33	26	22		
鮮度や見た目はどうか	87		11			
必要な量だけが購入できるか	52	26	14	4		
旬のものか	29	37	19	11	2	

買い物と環境に関連するアンケート調査　159

（全ての生鮮食品）

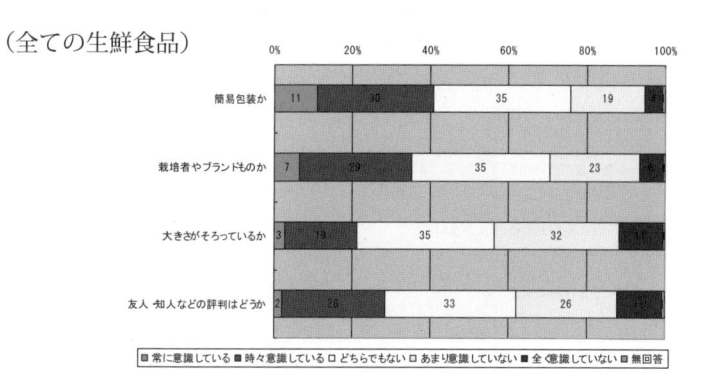

	常に意識している	時々意識している	どちらでもない	あまり意識していない	全く意識していない	無回答
簡易包装か	11	30	35	19	4	
栽培者やブランドものか	7	29	35	23		
大きさがそろっているか	3	13	35	32		
友人・知人などの評判はどうか	2	26	33	26		

問2　「生鮮食品」について，あなたが普段買い求める商品と比較して，以下のような商品があった場合，どのくらいの価格なら購入・利用しますか。

（野菜）

※「すでに購入・利用している」を含む

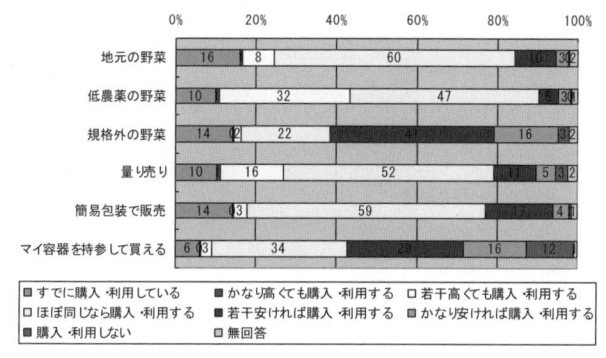

	すでに購入・利用している	かなり高くても購入・利用する	若干高くても購入・利用する	ほぼ同じなら購入・利用する	若干安ければ購入・利用する	かなり安ければ購入・利用する	購入・利用しない	無回答
地元の野菜	16	8	60		10	3	2	
低農薬の野菜	10	32	47		5	3		
規格外の野菜	14	2	22	41	16	3	2	
量り売り	10	16	52		11	5	3	2
簡易包装で販売	14	3	59		17	4		
マイ容器を持参して買える	6	3	34	29	16	12		

※「すでに購入・利用している」を含まない

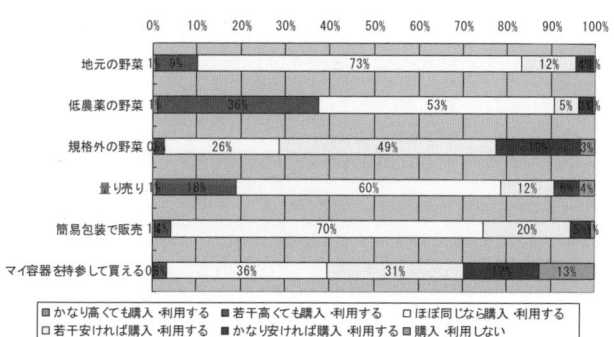

	かなり高くても購入・利用する	若干高くても購入・利用する	ほぼ同じなら購入・利用する	若干安ければ購入・利用する	かなり安ければ購入・利用する	購入・利用しない
地元の野菜	1	9%	73%	12%	4%	
低農薬の野菜	1	36%	53%	5%		
規格外の野菜	0	26%	49%	19%	3%	
量り売り	1	18%	60%	12%	6%	4%
簡易包装で販売	1	4%	70%	20%	5%	
マイ容器を持参して買える	0	36%	31%	17%	13%	

(肉・魚)
※「すでに購入・利用している」を含む

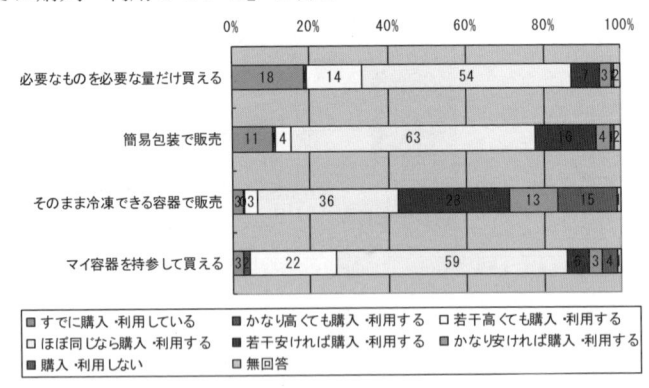

	すでに購入・利用している	かなり高くても購入・利用する	若干高くても購入・利用する	ほぼ同じなら購入・利用する	若干安ければ購入・利用する	かなり安ければ購入・利用する	購入・利用しない	無回答
必要なものを必要な量だけ買える	18		14	54		7	3	2
簡易包装で販売	11	4		63		16	4	2
そのまま冷凍できる容器で販売	3	3	36	28	13	15	1	
マイ容器を持参して買える	3	2	22	59		6	3	4

※「すでに購入・利用している」を含まない

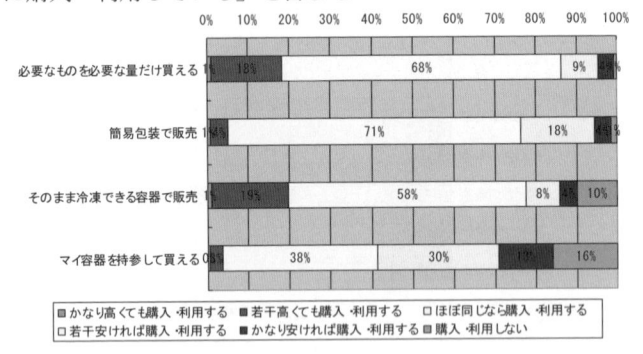

	かなり高くても購入・利用する	若干高くても購入・利用する	ほぼ同じなら購入・利用する	若干安ければ購入・利用する	かなり安ければ購入・利用する	購入・利用しない
必要なものを必要な量だけ買える	1	18%	68%	9%		
簡易包装で販売	1	4	71%	18%		
そのまま冷凍できる容器で販売	1	19%	58%	8%	4	10%
マイ容器を持参して買える	0		38%	30%	15%	16%

(全ての生鮮食品)
※「すでに購入・利用している」を含む

	すでに購入・利用している	かなり高くても購入・利用する	若干高くても購入・利用する	ほぼ同じなら購入・利用する	若干安ければ購入・利用する	かなり安ければ購入・利用する	購入・利用しない	無回答
環境負荷の少ない購入でポイント付与	3		22	59		6	3	4
対面販売がある	10	15	58		9	4	3	
試食がある	7	17	60		6	3	4	

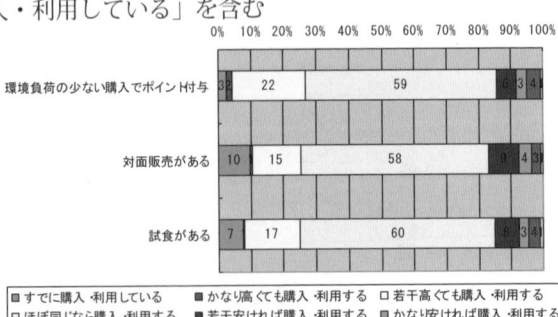

買い物と環境に関連するアンケート調査　161

※「すでに購入・利用している」を含まない

[グラフ:環境負荷の少ない購入でポイント付与、対面販売がある、試食がある]
凡例: かなり高くても購入・利用する／若干高くても購入・利用する／ほぼ同じなら購入・利用する／若干安ければ購入・利用する／かなり安ければ購入・利用する／購入・利用しない

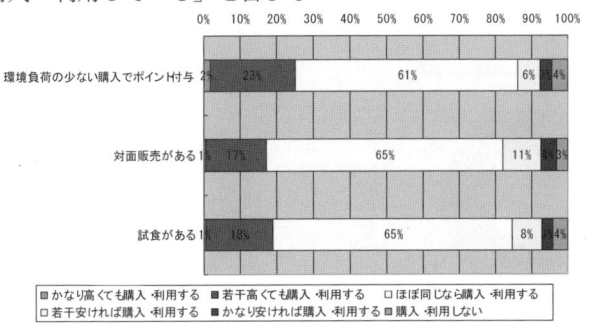

問3　「生鮮食品」を買うときに，次の表示があったら，それを意識して買うものを決めますか．もっとも当てはまるものに1つだけ○を付けてください．

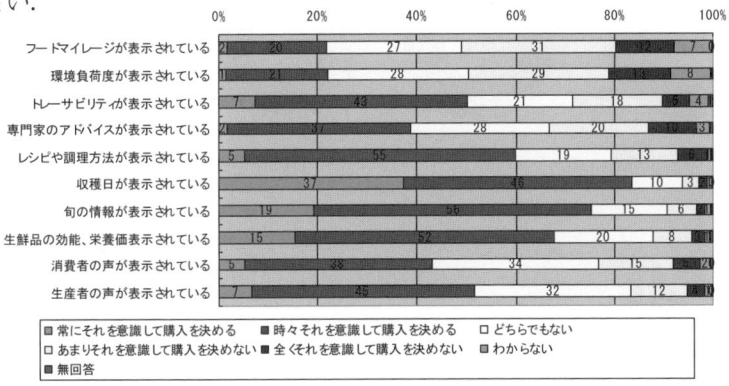

[グラフ:フードマイレージが表示されている、環境負荷度が表示されている、トレーサビリティが表示されている、専門家のアドバイスが表示されている、レシピや調理方法が表示されている、収穫日が表示されている、旬の情報が表示されている、生鮮品の効能・栄養価表示されている、消費者の声が表示されている、生産者の声が表示されている]
凡例: 常にそれを意識して購入を決める／時々それを意識して購入を決める／どちらでもない／あまりそれを意識して購入を決めない／全くそれを意識して購入を決めない／わからない／無回答

問4　あなたが「生鮮食品」を買うときに，店舗を選ぶ基準を教えてください．もっとも当てはまるものに1つだけ○を付けてください．

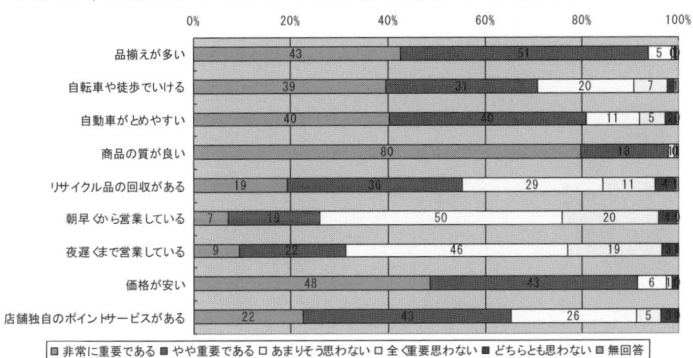

[グラフ:品揃えが多い、自転車や徒歩でいける、自動車がとめやすい、商品の質が良い、リサイクル品の回収がある、朝早くから営業している、夜遅くまで営業している、価格が安い、店舗独自のポイントサービスがある]
凡例: 非常に重要である／やや重要である／あまりそう思わない／全く重要思わない／どちらとも思わない／無回答

162 資料

問5 あなたが「生鮮食品」の買い物でよく行くお店を3つまでお答えください．そこへは，どのような交通手段で，一ヶ月に何回くらい行きますか．

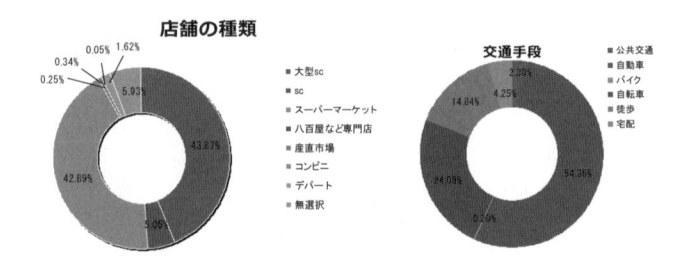

（店舗の種類ごとの交通手段）

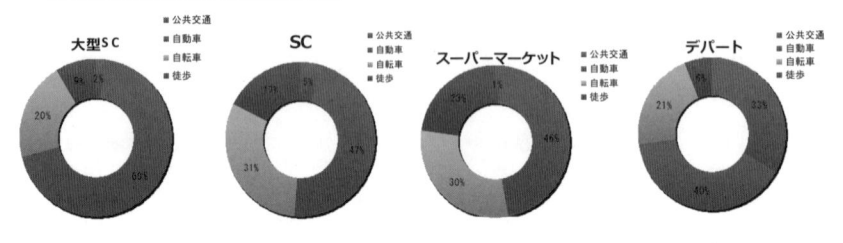

（店舗の種類ごとの来訪頻度）　　（1人あたりの買い物頻度）

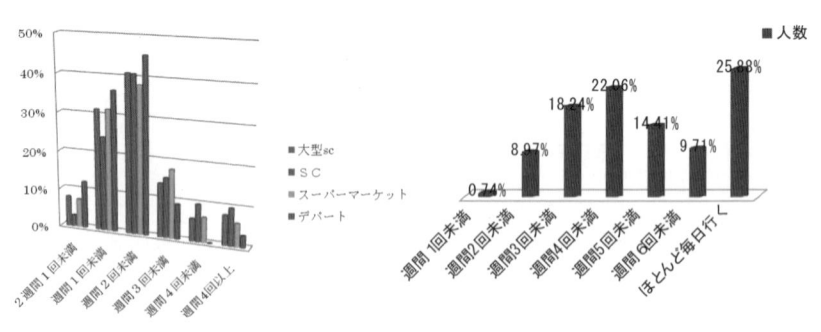

（宅配の店舗の種類）　　（店舗の種類ごとの来訪頻度）

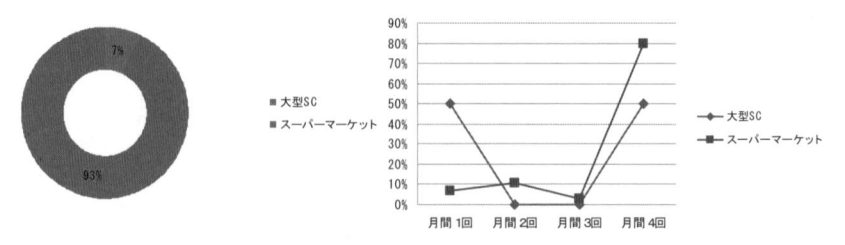

買い物と環境に関連するアンケート調査　163

問6　問5でお答えになった店舗へ行く際に，最もよく利用する交通手段，所要時間（片道），公共交通をご利用の場合は費用（片道）を以下の記入例を参考に，それぞれの店舗ごとにお答えください.

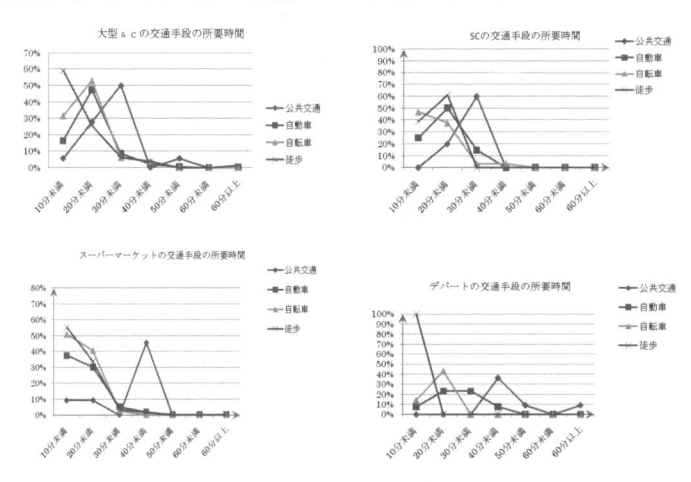

問7(1)　問5でお答えになった店舗で，「車以外の交通手段で来店した場合，5,000円以上のお買い物で購入したものを配達する」サービスが行われていた場合に，交通手段は変わりますか.

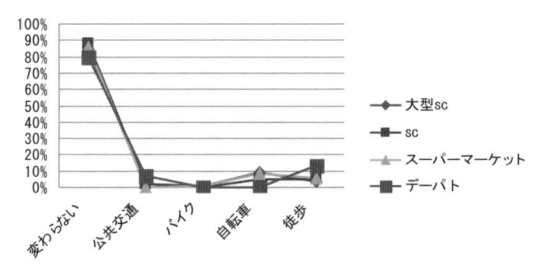

問7(2)　上記のサービスによって店舗へ行く回数は変わりますか.「1. 変わる」とお答えになった方は，各店舗へ行く回数は一ヶ月に何回になると思いますか.

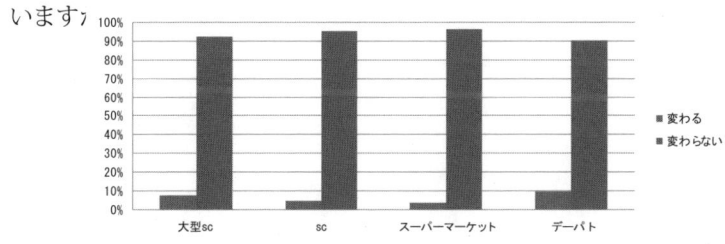

問 8(1)　問 5 でお答えになった店舗で,「車以外の交通手段で来店した場合, 1,000 円以上のお買い物で 50 円相当のエコポイントを付与する」サービスが行われていた場合に, 交通手段は変わりますか.

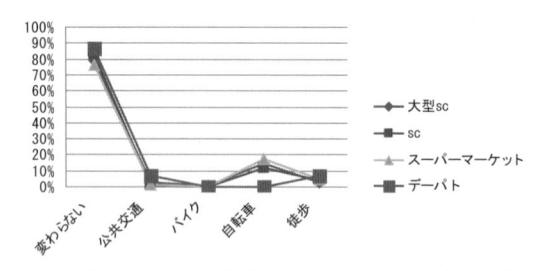

問 8(2)　上記のサービスによって来店回数は変わりますか.「1.変わる」とお答えになった方は, 各店舗へ行く回数は一ヶ月で何回になると思いますか.

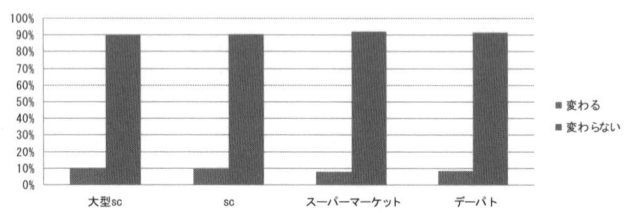

問 9(1)　問 5 でお答えになった店舗で,「店舗の最寄り駅からのお買い物バスが運行される」サービスが行われていた場合にお買い物バスを利用しますか.

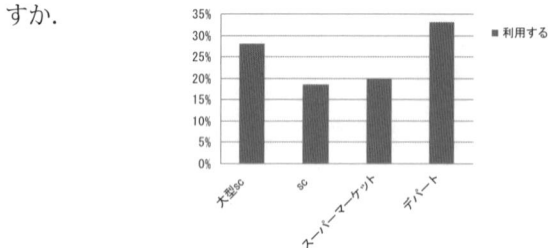

問 9(2)　上記のサービスによって来店回数は変わりますか.「1.変わる」とお答えになった方は, 各店舗へ行く回数は一ヶ月に何回になると思いますか.

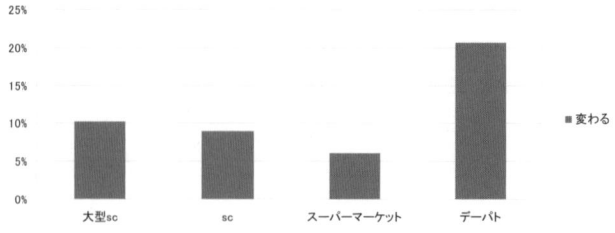

問10　もし，将来的にガソリンの値段が上昇した場合に，ガソリン代が1リットルあたりいくらになったら，問5の各店舗へ行く回数や交通手段は変わりますか．

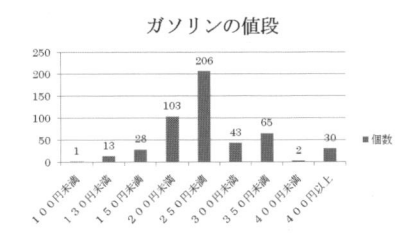

ガソリンの値段

100円未満	130円未満	150円未満	200円未満	250円未満	300円未満	350円未満	400円未満	400円以上
1	13	28	103	206	43	65	2	30

◆問5で、車と回答した人のガソリン価格上昇時の他の手段への転換
（交通手段の転換）

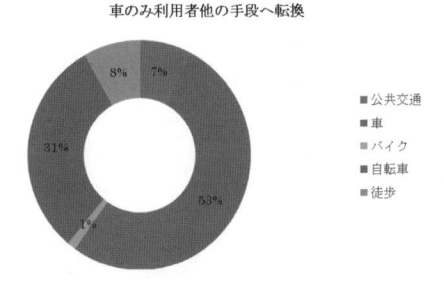

車のみ利用者他の手段へ転換
- 公共交通: 53%
- 車: 1%
- バイク: 31%
- 自転車: 8%
- 徒歩: 7%

（店舗の種類ごとの交通手段の転換）

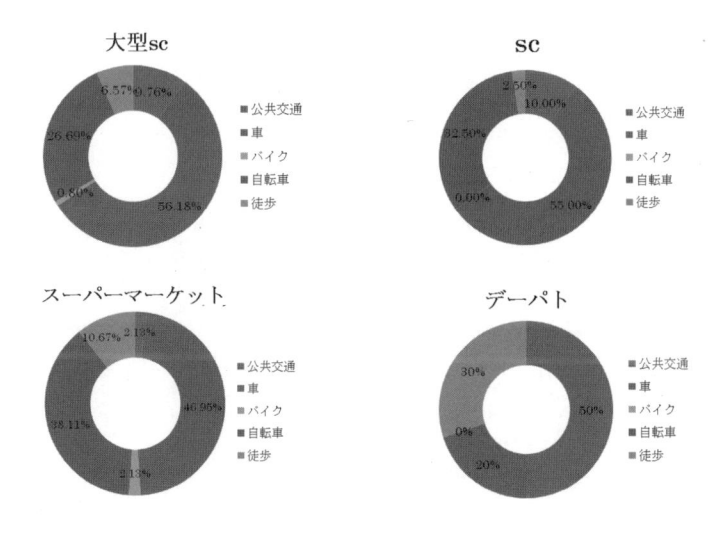

大型sc
- 公共交通: 56.18%
- 車: 0.80%
- バイク: 26.69%
- 自転車: 6.57%
- 徒歩: 9.76%

sc
- 公共交通: 55.00%
- 車: 0.00%
- バイク: 32.50%
- 自転車: 2.50%
- 徒歩: 10.00%

スーパーマーケット
- 公共交通: 46.95%
- 車: 2.13%
- バイク: 38.11%
- 自転車: 10.67%
- 徒歩: 2.13%

デパート
- 公共交通: 50%
- 車: 0%
- バイク: 20%
- 自転車: 30%
- 徒歩: —

質問B 日用品（洗剤やトイレットペーパー）を購入する場合についておたずねします。

問1 「日用品」を買うときに，以下の項目について，どの程度意識して購入していますか．最も当てはまるものに1だけ○を付けてください．

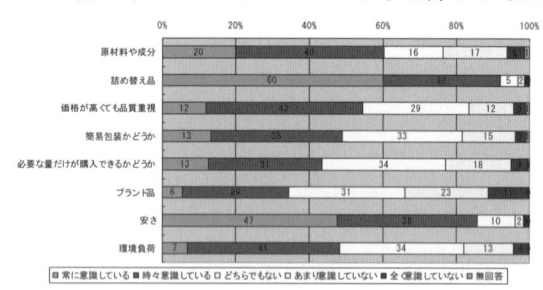

問2 「日用品」について，あなた自身が普段買い求める商品と比較して，以下のような取組みの商品があった場合，どのくらいの価格なら購入・利用しますか．

※すでに購入・利用しているを含む

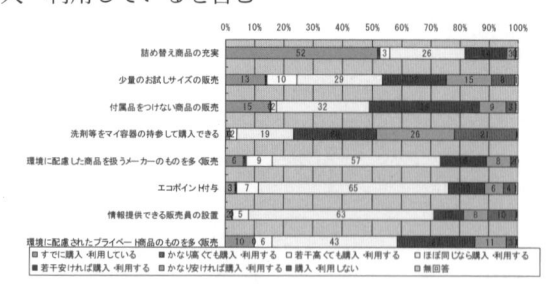

※すでに購入・利用しているを含まない

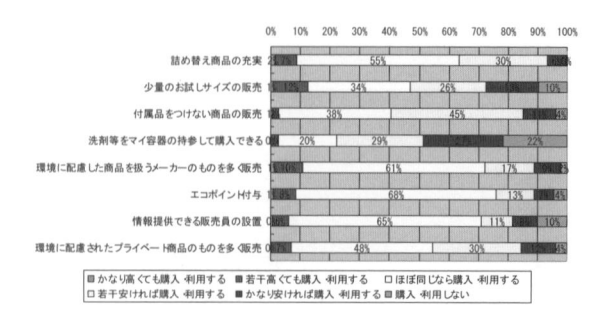

問3 「日用品」を買うときに，次の表示があったら，それを意識して買うものを決めますか．もっとも当てはまるものに1つだけ○を付けてください．

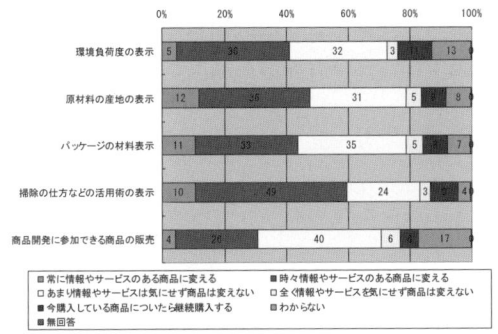

問4 あなたは普段どこで日用品を購入しますか．主な購入店舗を1つ教えてください．
また，その頻度と理由を教えてください．

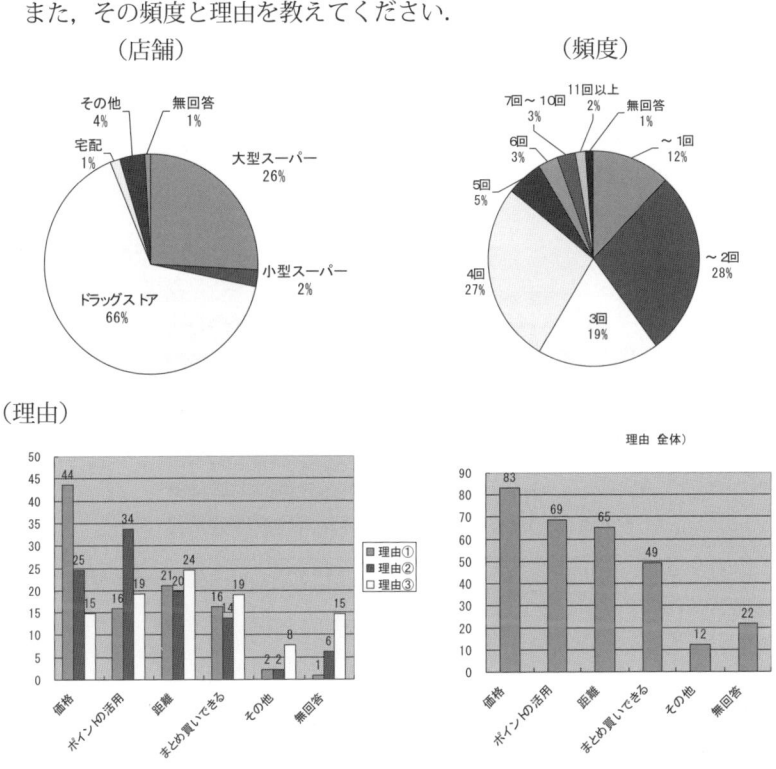

質問C　スーパーマーケットについておたずねします．

問1　環境負荷を減らすために以下の取組みが店舗で実施されていた場合にどのように感じますか．もっとも当てはまるものに1つだけ○を付けてください．

問2　店舗で以下のようなサービスがあった場合，そのお店へ行く回数は変わりますか．

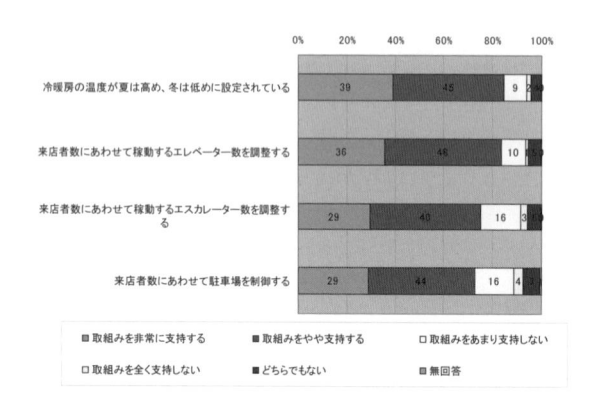

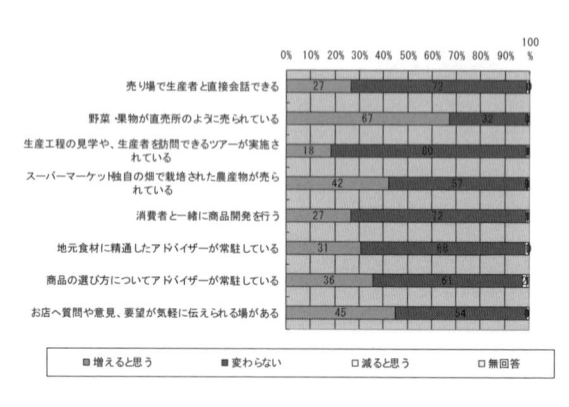

質問 D 環境問題やあなたの普段の行動についておたずねします。

問1　AからFまでの項目について，あなたの意見にもっともあてはまるものに1つずつ○を付けてください．

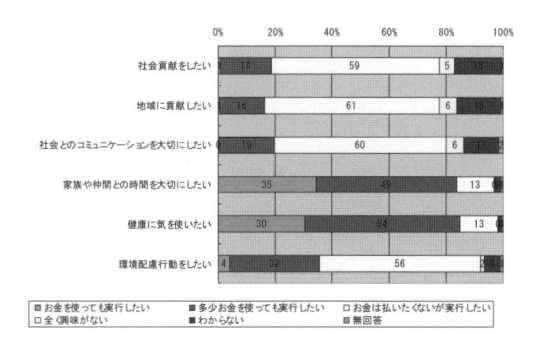

（社会貢献をしたい／地域に貢献したい／社会とのコミュニケーションを大切にしたい／家族や仲間との時間を大切にしたい／健康に気を使いたい／環境配慮行動をしたい　についての帯グラフ）

凡例：■お金を使っても実行したい　■多少お金を使っても実行したい　□お金は払いたくないが実行したい　□全く興味がない　■わからない　■無回答

問2　AからPまでの項目について，毎日の暮らしの中でどの程度行っているか，もっともあてはまるものに1つずつ○を付けてください．

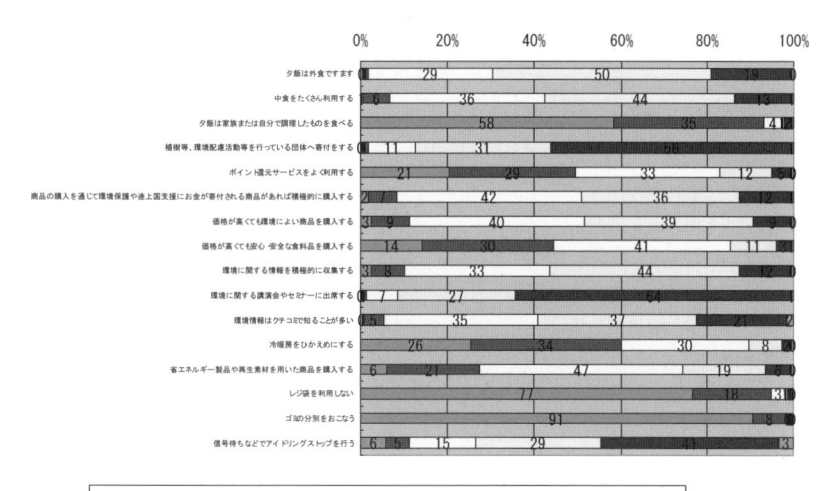

（夕飯は外食ですます／中食をたくさん利用する／夕飯は家族または自分で調理したものを食べる／植樹等，環境配慮活動等を行っている団体へ寄付をする／ポイント還元サービスをよく利用する／商品の購入を通じて環境保護や途上国支援にお金が寄付される商品があれば積極的に購入する／価格が高くても環境によい商品を購入する／価格が高くても安心・安全な食料品を購入する／環境に関する情報を積極的に収集する／環境に関する講演会やセミナーに出席する／環境情報はクチコミで知ることが多い／冷暖房をひかえめにする／省エネルギー製品や再生素材を用いた商品を購入する／レジ袋を利用しない／ゴミの分別をおこなう／信号待ちなどでアイドリングストップを行う　についての帯グラフ）

凡例：■常に行っている　■よく行っている　□時々行っている　□あまり行っていない　■全く行っていない　■無回答

問3　AからFまでの項目について，環境意識についてお聞きします．もっともあてはまるものに1つずつ○を付けてください．

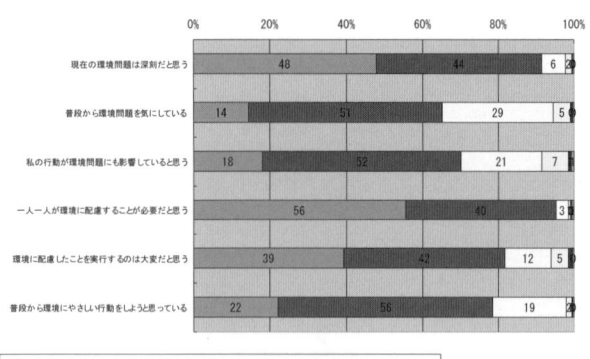

項目	非常にそう思う	ややそう思う	どちらとも言えない	あまりそう思わない	全くそう思わない	無回答
現在の環境問題は深刻だと思う	48	44	6	2		
普段から環境問題を気にしている	14	51	29	5		
私の行動が環境問題にも影響していると思う	18	52	21	7		
一人一人が環境に配慮することが必要だと思う	56	40	3			
環境に配慮したことを実行するのは大変だと思う	39	42	12	5		
普段から環境にやさしい行動をしようと思っている	22	56	19	2		

質問E　あなたご自身とあなたの世帯の方についておたずねします.

問1　あなたはあなたご自身を含めて何人でお住まいですか.

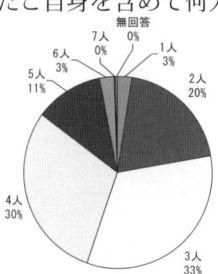

無回答 0%
7人 0%
1人 3%
6人 3%
2人 20%
5人 11%
4人 30%
3人 33%

問2　あなたの性別をお答えください.

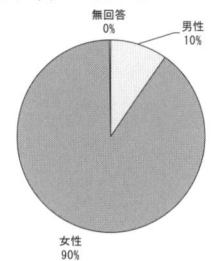

無回答 0%
男性 10%
女性 90%

問3　あなたの年齢について，あてはまるもの1つに○を付けてください.

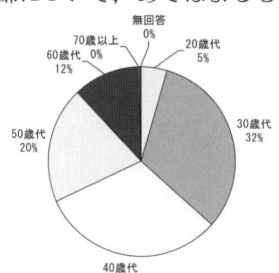

無回答 0%
70歳以上 0%
20歳代 5%
60歳代 12%
50歳代 20%
30歳代 32%
40歳代 31%

問4　ご職業はなんですか？あてはまるもの1つに○を付けてください.

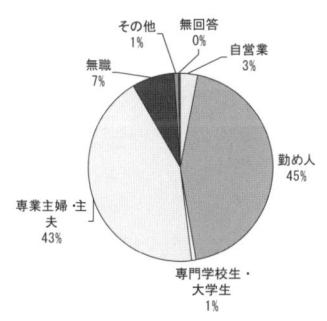

その他 1%
無回答 0%
自営業 3%
無職 7%
勤め人 45%
専業主婦・主夫 43%
専門学校生・大学生 1%

問5 自動車運転免許（二輪・原付免許は除く）はお持ちですか？

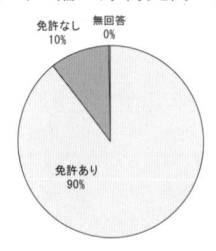

- 免許あり 90%
- 免許なし 10%
- 無回答 0%

問6 車の保有状況についてあてはまるもの1つに○を付けてください．

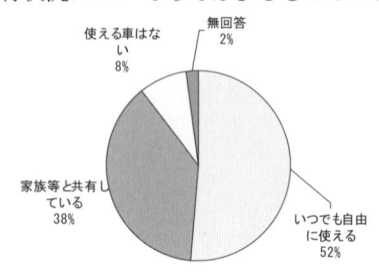

- いつでも自由に使える 52%
- 家族等と共有している 38%
- 使える車はない 8%
- 無回答 2%

問7 自転車の保有状況についてあてはまるもの1つに○を付けてください．

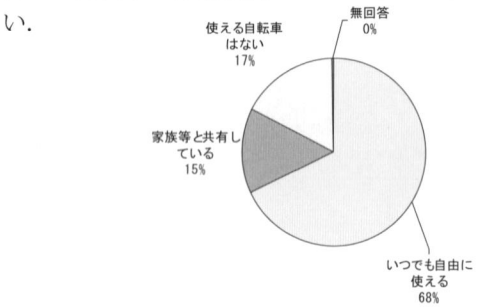

- いつでも自由に使える 68%
- 家族等と共有している 15%
- 使える自転車はない 17%
- 無回答 0%

問8 あなたの世帯のおおよその年収を教えてください．

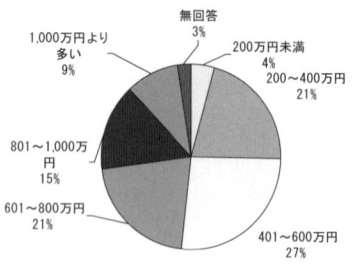

- 200万円未満 4%
- 200～400万円 21%
- 401～600万円 27%
- 601～800万円 21%
- 801～1,000万円 15%
- 1,000万円より多い 9%
- 無回答 3%

アンケート2

調査名：お買いものに関するアンケート調査

実施時期：2011年6月実施
実施方法：インターネット調査
実施対象者：株式会社ハー・ストーリィ 登録会員
回答者数：500名

調査目的：東日本大震災後の消費者の買い物に関する意識と実態を明らかにするため、また、百貨店での買い物と環境に対する消費者の意識を明らかにするためにアンケート調査を実施した。
調査内容：普段の買い物で意識していること、東日本大震災後に買い物で意識するようになったこと、百貨店で買い物をするときに意識しているエコや気になるエコについて質問を行った。

■回答者属性

【回答人数】　500名

【アンケート実施日程】　2011年6月

【性別】

回答	人数	回答率
女性	485人	97.0%
男性	15人	3.0%
合計	500人	100.0%

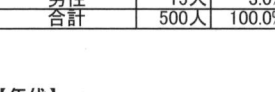

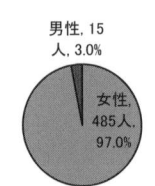

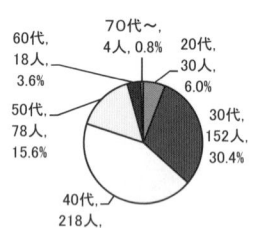

【年代】

年代	人数	回答率
20代	30人	6.0%
30代	152人	30.4%
40代	218人	43.6%
50代	78人	15.6%
60代	18人	3.6%
70代～	4人	0.8%
合計	500人	100.0%

【未婚・既婚】

回答	人数	回答率
未婚	72人	14.4%
既婚・子どもはいない	114人	22.8%
既婚・小学生以下の子どもがいる	114人	22.8%
既婚・小学生以下の子どもと中学生以上の子供いる	34人	6.8%
既婚・子どもはみな中学生以上	166人	33.2%
合計	500人	100.0%

【お仕事】

回答	人数	回答率
専業主婦	176人	35.2%
フルタイム	63人	12.6%
パート・アルバイト	55人	11.0%
在宅・自営	15人	3.0%
その他	16人	3.2%
無回答	175人	35.0%
TOTAL	500人	100.0%

【都道府県別】

東京都	96人	京都府	11人	愛媛県	4人	山梨県	2人
神奈川県	50人	岡山県	10人	滋賀県	4人	鹿児島県	2人
大阪府	49人	岐阜県	10人	長崎県	4人	大分県	2人
愛知県	30人	香川県	8人	徳島県	4人	鳥取県	2人
埼玉県	30人	三重県	7人	和歌山県	4人	福井県	2人
広島県	26人	茨城県	5人	青森県	3人	宮城県	1人
兵庫県	25人	群馬県	5人	島根県	3人	山形県	1人
福岡県	20人	山口県	5人	栃木県	3人	石川県	1人
北海道	19人	新潟県	5人	沖縄県	2人	長野県	1人
千葉県	17人	奈良県	5人	熊本県	2人	富山県	1人
静岡県	12人	福島県	5人	高知県	2人	合計	500人

■アンケート回答　　　　　　　　　　　　　　　～お買い物についてのアンケート～

設問1　あなたは普段、食料品を買うときにどのようなことを意識して購入していますか？
　　　あてはまるもの全てをお選びください。

回答	人数	回答率
生産地がどこか	337人	67.4%
国産である	310人	62.0%
なるべく地元のものを買う	202人	40.4%
無添加や有機農法、低農薬である	193人	38.6%
詰め替えができる	187人	37.4%
パッケージが簡易である	129人	25.8%
自然素材を使っている	119人	23.8%
再生利用などリサイクルの状況	62人	12.4%
環境負荷商品である	33人	6.6%
その他	26人	5.2%

※その他回答
・価格
・HASSAP仕様
・安全
・東北や長野産なら積極的に購入
・福島原発から遠い
・消費期限
・鮮度

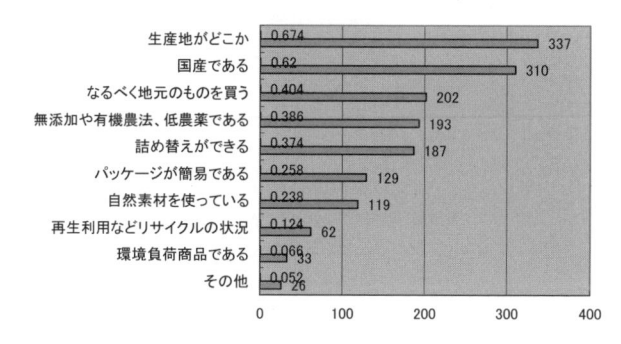

設問2　あなたは普段、日用品を買うときにどのようなことを意識して購入していますか？
　　　あてはまるもの全てをお選びください。

回答	人数	回答率
詰め替えができる	407人	81.4%
パッケージが簡易である	166人	33.2%
国産である	140人	28.0%
生産地がどこか	130人	26.0%
再生利用などリサイクルの状況	129人	25.8%
自然素材を使っている	109人	21.8%
無添加や有機農法、低農薬である	94人	18.8%
環境負荷商品である	62人	12.4%
なるべく地元のものを買う	51人	10.2%
その他	24人	4.8%

※その他回答
・価格
・自分の好み
・安全
・東北や長野産なら
・使いやすいもの
・本当に必要なものか
・使い道にあってるか
・メーカー

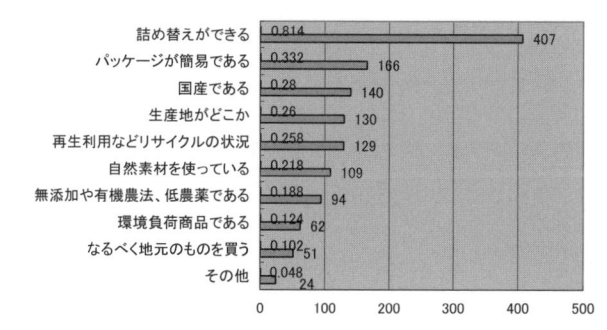

設問3　あなたは普段、衣類を買うときにどのようなことを意識して購入していますか？
あてはまるもの全てをお選びください。

回答	人数	回答率
自然素材を使っている	174人	34.8%
生産地がどこか	122人	24.4%
パッケージが簡易である	122人	24.4%
国産である	68人	13.6%
再生利用などリサイクルの状況	40人	8.0%
環境負荷商品である	30人	6.0%
無添加や有機農法、低農薬である	20人	4.0%
詰め替えができる	12人	2.4%
なるべく地元のものを買う	10人	2.0%
その他	105人	21.0%

※その他回答
・価格
・デザイン、カラー
・サイズ
・素材
・飽きが来ないか
・ブランド
・自分に似合う
・手入れが簡単
・長く使える、着回せる
・肌触り
・安全

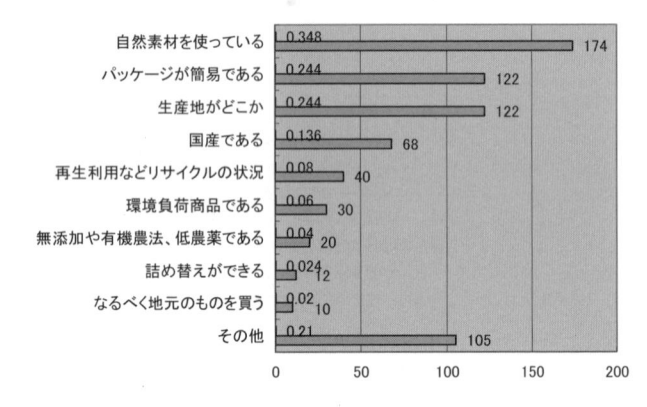

設問4　最近（特に震災以降）のお買い物で、買い物の仕方について特に意識するようになったことや変化について教えてください。

回答			人数	回答率
■量			111人	22.2%
■量	＜減少＞		102人	20.4%
		冷蔵庫の中にあまり買いこまなくなった。		
		冷蔵庫につめすぎないように安くても大量に買い込まない。（節電と停電のときに冷蔵庫がとまると食材も傷みそうで）		
		無駄なく買ったものを使い切る。		
		本当に必要なものしか買わないようになった（買う量が減った）。		
		必要かどうか時間をおいて考えて買う。衝動買いを避ける。		
		買い物の量は、適量になった。		
		買いだめはあんまりしなくなりました。		
		買いだめ、セールでも無駄買いをしない。例 3つを2つ買う事で、他の人が購入できる。		
		前ほど安いからと言って買い込むことが少なくなったかも。		
		震災直後、地震の影響がなかった地域にも関わらず、パンやお米などの買占めがあったので、必要以上に物を買わないようにしようと思いました。		
■量	＜増加＞		9人	1.8%
		買い物の回数はあまり変わらないが買い物をするときに生鮮と一緒に日持ちがするものを一緒に買う様になったので量が増えた。		
		日用消耗品を少し多めに買っておこうと思うようになった。		
		特売のものは何にあってもストックしている。		
		関西圏に住んでいても、ヨーグルトなど品薄になりがちな商品が少しあるので、いつもは一個買うところを二個まとめて買っておいたりする。		
		今まではお家をスッキリさせたかったので、食料は必要最低限のみ購入していたが、不安から最近はストックをすることが多くなりました。		
		始めは被災地の方が苦しんでいるのにのんきに買い物なんてしている場合じゃないと控えていましたが、経済面から日本を活性化させていかなくてはいけないことに気づいてからは普段通りかそれ以上に買い物をするようになりました。		
■生産地			58人	11.6%
■生産地	＜購入回避＞		46人	9.2%
		野菜や魚については、産地を以前より、気にする。		
		東北や東関東の食材を物によっては買い控えるようになった。		
		乳児がいるため、風評被害に加担してはいけないと思いながら、農作物については産地を気にしてしまう。		
		生産地や賞味期限について、よく確かめて買うようになった。		
		国産品でも、どの地方で生産されたかを意識するようになった。		
■生産地	＜積極購入＞		12人	2.4%
		野菜などは被災地の物があればなるべく購入する様にしています。		
		東北産と、長野、茨城産を積極購入。消費を多くしてお金を循環させることを意識している。		
		がんばれ東北のネームのついた売り上げの一部を寄付してくれる商品を選ぶ。		
■保存			43人	8.6%
		冷凍食品の利用等、保存の効くものを買うのが少し増えた。		
		無駄な食材は買わない主義だったが、少しはインスタント食などを買って置いておくようになった。		
		保存食を常備していないが、震災後、買い物にいけなくなったことを考えて保存食を常備しておくべきだと感じた。		
		買い置きがなくなるギリギリまで購入しなかったのが、安売りをしていなくても早めに買い置きするようになった。		
		オムツなどはストックをつねにあるようにする。		
		スーパーに商品が十分戻ってきた頃に、非常食や非常用の備品をそろえた。		
		ストックは元々していましたが、更に意識するように。		
		電池等を買い置きするようになった。		
		震災時に入手困難になったトイレットペーパーとガスボンベだけは少し買い置きするようになった。		
		水や食料のストックをするようになった。		

回答		人数	回答率
■方法			
	買い物の量は特に控えていないが、無駄のないようにしっかり使い切ることを考えて購入するように意識するようになった。	39人	7.8%
	買い物の量、回数については変化がないけれど本当にお金を払いたい人、企業という点でも買い物するようになった。		
	まとめ買いをやめて、その都度必要なものを買いに行くようになった。		
	ひつようなものをとことん見極めてから買うようになった。		
	食料品の備蓄を心がけつつぜいたく品を買わないようにしたのでトータルの出費は減っている。国産品だけを選んで買っている。		
	在庫の確認をしながら買い物をする。		
	ネットスーパーより、直接の買い物が増えた。		
	今までお米は使いきる頃に買っていましたが、10Kgのお米が半分位になったら買っておくようにしました。		
	安い店で買う。量と価格を良く見て買う。		
	地元の産物をかう。		
	エコバッグ持参。		
	なるべく車を利用しない。		
	少量の買い物の時は自転車で簡単にすませる。		
	遠くの店まではあまり買い物に行かなくなった。		
■回数			
	量や回数が減り、また、エコバッグを忘れずに持って行くようになった。	38人	7.6%
	買い物の回数を週2～3回から週1回程度に減らした。		
	買い物の回数が減りました。無駄なものを買わないようになるし、ガソリン代も減るので。		
	買い物もまとめて品揃えの多い遠くの店に行ったりなど、自分自身はとても意識している。		
	一時、買物の回数が増えた(ヨーグルトなど、一件で売ってないので、何件もはしごした)。1人		
■種類			
	いつ停電があるかわからないので生鮮食料品を買う量が減った。	17人	0.3%
	保管期限が長い物を優先したり 生野菜は使い切れるぶんだけ購入する。		
	節約を心がけるようになったのでなるべく新鮮なものを購入し使いきるようにしている。		
	なんとなく放射汚染が気になるので、少しでも体に良いものを摂取しようと、コンビニ食などはやめるようになった。		
	簡単に調理できるものが増えた。		
	乾物は多めに購入しています。消耗品はなるべく使い切るように余分には購入しないように気をつけています。		
	エコであるものを意識している。		
	計画停電があると困るので冷凍食品はあまり買い置きしない。		
	震災以降とくに変化が大きくなったわけではないが、国産商品を買うことが多くなった。		
	売り切れていたりするものが多いのでいつもとは違うメーカーや種類もチェックするようになった。		
	寄付がついてるものを見つけたら買うようになった。		
	スーパーの水をもらうのをやめて、メーカーの天然水を買うようになった。		
	パッケージがシンプルなものを選ぶ。		
■節約			
	贅沢に買うことの罪悪感が常にあって節約します。	9人	1.8%
	買えるときには備蓄にまわし、普段は節約を心がけるようになりました。		
	衣類品の購入を控えるようになりました。		
	さらに節約して買うようになった。		
	節電。		
	ずっと着れるもの 流行に左右されない物。		
■その他			
	経済の活性化のために買おうかどうか迷っていたものを購入した。	5人	1.0%
	我慢する事をしてる。		
	安全性。		
	車や家など大きな買物は避けている。普通の食品や日用品はこれまで通りで変化なし。		
	野菜の値段に敏感になりました。高騰してもいい筈なのになあ、と。		
■変わらない			
	特に変わりません。あまり買いだめはせず、毎日少しずつ買い足しています。	195人	39.0%
	特に意識は変わらない。以前から国産のものを購入しているし、業者を信じて流通しているものは大丈夫だろうと買物をしている。		
	当地は震災の影響が少なく、意識の変化はない。。		
	あえて意識しないようにしているので、以前と全く変わりはない		
	震災直後のパニック時以外は、ほとんど変わらない。		

設問5　最近(特に震災以降)のお買い物で、買う時の基準について特に意識するようになったことや変化について教えてください。

回答	人数	回答率
■生産地	84人	16.8%
北海道産かどうか。		
野菜などは産地が気になる。		
東北地方の物かどうかを意識するようになりました。	48人	9.6%
地産地消を心がけている。		
なるべく日本のものを買うようにした。		
国産というだけじゃなく、産地確認をさらにするようになった。。		
■生産地　＜積極購入＞		
被災地や風評被害にあっている産地のものを意識的に求める。		
放射能を気にしない物については、なるべく東北の物、会社を選んでいる。		
売り上げの〇〇分を被災地にとか、東北産のものを選ぶ傾向がある。	19人	3.8%
特に気にしていないが、風評被害の大きい地域のものも気にせず買う。		
流通に負荷はかかるが、東北産の物を買う。		
■生産地　＜購入回避＞		
いけない事ですが、やはり子どもがいるので、産地を確認してしまいます。	17人	0.0%
申し訳ありませんが、福島近隣のものを避けてます。		
■要・不要		
無駄を出さないよう良く考えます。		
本当に必要なものかどうか考えて買うようになった。		
売り出し期間に限らず、無駄にストックせず、無くなったら買うようになった。		
買い控えは経済の停滞を招くので気持ちは下向きだが義務として必要なものは購入している。		
最近は早め早めに買うようにしています。	59人	11.8%
今までは、不要だなと思っていたものも、「万が一の時には使えるかも」という理由で買うものもありました。		
使い捨ての物を買うのを控えるようになった。		
安いからといって、ストック用にかわない。		
8分目の量を買うようにして、買いすぎないようにしている。		
■環境・エコ		
有機野菜などを選び水洗いしなくていい物とか、生のまま食べられるとかそういうものを選ぶ。		
ビンなどキャップやラベルが分別しやすいもの。		
再利用可能なものを買う。		
エコマークなどを確認して、地球に優しい商品を選ぶようになった。		
ゴミが出ないモノ、エコを考えて購入するようになった。	47人	9.4%
詰め替え用の物は必ずそれを優先して購入するようにしている。		
過剰包装などのないもの。		
水や食品は、賞味期限の近づいたものから、普段の食材として、料理に使うようにしています。		
環境に優しい。		
リサイクルできるかどうか。		
■耐久性		
日用品は長く使えるものをよくかんがえて買う。		
長く使える品質の良い物を買うよう、心がけるようになった。	46人	9.2%
耐久性重視。		
衣料品はなるべく流行にかかわりのないものを購入するようになった。		
■保存		
保存食品も一通り買い揃えるようにした。(カップスープとか)		
備蓄できるレトルトや缶詰もかならず買うようにしている。		
日持ちがする物、身体に良い物、保存がきくもの。	38人	7.6%
賞味期限が長いものを選んで買うようになった。		
常温保存しても傷みにくいものを買うことが多くなった。		
食料品など、賞味期限を見て保存のきくもので必要と思ったものは、少し多めに購入する。		
■節約		
贅沢をしなくなった。		
お徳用サイズかどうか。		
底値・価格。		
わけあり商品でもいいやと思って買っている。		
消費税が上がるかもしれないので、できるだけ低価格のものや詰め替えできるものを買いたいと思うようになった。	15人	3.0%
少しでも安い時に買いだめておく。		
他のもので代用できるかを考える。		
飽きずに長く使えるデザイン。		

回答		人数	回答率
■節電			
	電気を使わずすむ商品、自然解凍の冷食を多く買うとか。	12人	2.4%
	節電に効果があるかを気にするようになった。		
	節電につながる商品を積極的に買うようにしています。すすぎが一回で済む洗剤やLED電球、扇風機などを購入しました		
	省エネにつながるもの		
■安心・安全			
	安全性(機能)があるかどうか。	9人	1.8%
	健康に影響がないかどうかを検討するようになった。		
	体に良いものかそうでないかを気にするようになった。		
■その他			
	非常時に役立つかどうか。	5人	1.0%
	実用性。		
	安すぎるものは買わない。		
	家電などは機能の少ないシンプルなものを選ぶようになった。		
	以前よりも価格にシビアでなくなった。多少高くても、こんな時期だから仕方ないと諦めることが多くなった。		
	質と価格のバランス。		
■変わらない・なし			
	あえて意識しないようにしているので、以前と全く変わりはない。	185人	37.0%
	前かわ詰め替えパックの物を購入していたし、あまり変わらない。		
	前からそういうことを心掛けていたので、とくに変わりなし。		

設問6　最近(特に震災以降)のお買い物で、買い物の仕方、買う時の基準以外の
　　　その他の変化について教えてください。

回答	人数	回答率
■要・不要		
無駄なものは買わなくなった。		
必要最小限のものを買うようになった。		
物欲が減ったような気がする。		
被災地に、必要だと思うものは、必要最低限の買い物にとどめている。		
買いたいものを事前に考え、よく調べてから購入するようになった。		
いつも特売ばかり買っていたが、それにこだわらず本当に必要なものを買うようになった。	48人	9.6%
買い物の仕方は変わらないが自分たちの中で厳選して買うようになった。		
まとめ買いをするようになった。		
また今度買えばと思って、買い物を先延ばしにすることもありましたが、震災後は必要だと思えばすぐ買うようにしています。		
水やお米は常に多少多めに。ガソリンは常に満タンを心がけています。		
たまに品薄なものがあるので、そういったものはなくなってからではなく見かけた時に買うようになりました。		
多めに購入する。		
■生産地	44人	8.8%
野菜は地元野菜の直売所で購入するようになった(汚染状況がまだマシだと思うので)。		
風評被害にまどわされない。		
お魚や生鮮野菜は産地を必ず見るようになりました。	26人	
あまり原産地を気にしなくなった。		
地元産を買うようになった。		
生産地を確認する。		
■生産地　<購入回避>		
東日本のものはさける。		
原発から出来る限り遠いところで作られた野菜などを買うためにお店をはしごするようになった。	7人	0.0%
申し訳ないですが、震災地の商品は買わなくなってしまった。		
■生産地　<積極購入>		
物によっては、被災地を応援できるような形の買い物をするようになった。		
利用を辞めていた宅配食材を、被災地から届く食品ということで震災後再度利用するようになった。	11人	2.2%
地物とのモノや震災地で生産されている野菜やお酒などを支援を背景として販売しているスーパーを選ぶ。		
■店舗エリア		
品揃えの良いところのお店に行くようになった。		
自宅近くのお店を、以前よりも見るようになった。近くなのに知らないお店も多くあるので。		
あまり色々なお店に行かなくなった。		
近くに大型ショッピングセンターができたので、買い物する店が増えた。		
関東東北のものや、中国韓国以外の外国製が多いお店に行くようになった。		
ポイントカードで購入が出来るお店にするようになった。		
少量パックで売っているお店を選ぶ。		
大きな価格の差がないものはなるべく個人商店で購入するようになった。	39人	7.8%
たくさんの店舗をまわるようになった。		
メインのお店がかわった。		
震災などにあったときリスクが大きいので家族と近場で車で買い物をする。		
どこでどんなものを扱っているかを把握するようにしている。		
コンビニの利用が増えた。		
歩いて行ける店で買う事が多くなった。		
自転車で行けるスーパーに行く。		
1軒の店で購入できる店で購入する。		
買いに行って無いと嫌なのでネットでの購入が増えた。		
■節約		
浪費しない様に心がけている。		
野菜の値段が高いので安いときに買うようになりました。		
ディスカウントショップを多用するようになった。		
チラシを良く見比べるようになった。	16人	3.2%
出費を抑えている　税金が上がりそうなので。		
電力を多く使用するもの等は避けている。		
念入りに広告をチェックして安いお店を徹底的に活用するようになった。		
安い店をよく利用する。		
■回数		
買い物の回数が減った。		
何回もいかないようにする週2回までなど。	9人	1.8%
買物の回数が増えた。(1人)		

回答		人数	回答率
■環境・エコ			
	エコを考えるようになった。	8人	1.6%
	リサイクル品を多く買うようになった。		
	リサイクルできるか。		
	テレビなどでエコになることがあれば挑戦して購入している。例えばグリーンカーテンなど。		
	環境に優しいもの。		
	なるべく詰め替えなどを使用するようになった。		
	スーパーにはマイバッグを持っていく。		
■保存			
	保存のきくものを買い置きするようにしている。	7人	1.4%
	インスタントものを常備するようになた。		
	買い置きをするようになった。		
	買いはしないが、カップ麺の棚をチェックするようになった。		
■その他			
	欲しいものがないと不安になる。	18人	3.6%
	買いたいものがなくても諦めるようになった。そのうち買えるだろうという感じ。		
	買う前に雑誌などで商品情報を集めてから検討して買う。		
	一緒にいる人の意見を聞く。		
	商品の質、値段などを丁寧に比較検討するようになった。		
	よく、説明を見るようになった。		
	価格をあまり気にしなくなった。		
	少しでも支援が出来る購入方法を選ぶ。		
	納得できない製品、自分に分からないことがある製品は購入しないようになった。		
	安全か気になる。		
	ニュースなどの情報をよく確認するようになった。		
	次回の仕入れ予定などを店に確認。		

設問7　百貨店で買い物をするときに、あなたが実践しているエコについて、その実践度を7点満点で教えてください

回答	1点	2点	3点	4点	5点	6点	7点
マイバックを持参する	94人	22人	30人	48人	39人	73人	194人
	18.8%	4.4%	6.0%	9.6%	7.8%	14.6%	38.8%
割り箸を断る	117人	40人	45人	58人	61人	51人	128人
	23.4%	8.0%	9.0%	11.6%	12.2%	10.2%	25.6%
ムダな包装を断る	48人	28人	36人	98人	78人	82人	130人
	9.6%	5.6%	7.2%	19.6%	15.6%	16.4%	26.0%
資源回収ボックスを利用する	124人	33人	41人	73人	57人	46人	126人
	24.8%	6.6%	8.2%	14.6%	11.4%	9.2%	25.2%
詰め替え用のものを買う	57人	17人	29人	79人	91人	82人	145人
	11.4%	3.4%	5.8%	15.8%	18.2%	16.4%	29.0%
多少高くても環境を考えた商品を買う	91人	65人	98人	132人	58人	30人	26人
	18.2%	13.0%	19.6%	26.4%	11.6%	6.0%	5.2%
エコ商品を買う	58人	69人	90人	141人	65人	46人	31人
	11.6%	13.8%	18.0%	28.2%	13.0%	9.2%	6.2%

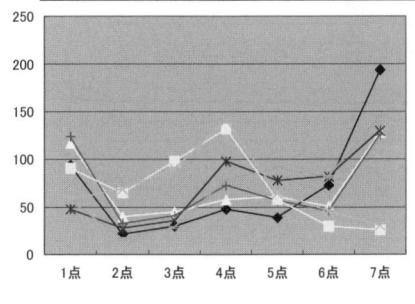

設問8　百貨店でお買い物をする時、エコを考えると「ここが不満だ」と思うことがあれば教えてください。

回答	人数	回答率
■食品関連		
料理レシピの提供。		
お取り寄せ。		
無料試食。		
小分け販売。		
肉・野菜ソムリエのアドバイスやメニュー提案。		
朝市。		
売っている野菜の放射線量の表示。		
生産者のこだわりが書かれている。		
震災地の野菜や食べ物を売ってほしいです。		
体調によって何を食べたらいいかアドバイス。	61人	12.2%
食品のカロリー表示。		
産地を詳しく明記してある。		
原材料の簡単な表記、その場で調べられるサービスが欲しい。		
収穫日を表示してほしい。		
B級品の販売。		
安全な食品について教えてほしい。		
傷物野菜や形の悪い野菜。		
食料品売り場が狭いところが多いので、もう少し広く、開放的な雰囲気になればいいなあと思います。		
■配送・預かり		
無料配達。		
宅配サービス。		
手荷物お預かり後一括配送。	42人	8.4%
買い物した生ものを保冷庫で預かってくれるサービス。		
アイスボックスコインロッカー（取り出す時コインが戻ってくる）の数をもう少し増やしてほしい。		
■インターネット・メール		
メールでの便利情報お買い得情報。		
無料インターネットコーナー（無料PC）、休憩スペース。		
ネット販売。		
携帯でセール情報などがリアルに得る事が出来る。		
ネットスーパーのように、百貨店もネットにもっと力を入れるといいと思う。（遠いのでなかなか行く機会がないがネットなら気軽に購入できるから）	36人	7.2%
メルマガで割引クーポンを発行すると有り難いと思います。		
インターネットで「北海道展」など催し物の販売をしてほしい。		
ネットで予約し、店頭での購入の時間短縮。		
情報弱者の為に、ネット情報への移行も大切だとは思うけれど、情報弱者への情報提供のサービスも、うまく考えてくれるといいなと感じます。		
■ポイント・クーポン・割引		
容器持参、簡易包装で割り引き。		
割引きクーポン券。		
ポイントサービスの充実。		
雨の日サービスやポイント。		
全百貨店共通の割引クーポン券。	36人	7.2%
サンプルプレゼント。		
いくら以上買うと、次回の割引券がもらえるというサービス。		
紙袋などの回収（ポイント還元してくれる）サービス。		
エコ商品を買うとポイントが付くサービス。		
■販売方法		
洋服のブランドAの商品と洋服のブランドBの商品、ブランドCの靴、ブランドDのバッグ…を共通更衣室でコーディネイトして試着するサービス。		
各階で買った商品は帰りにカウンターで受け取る。		
売れ筋の紹介。		
専門のアドバイス。ファッションのアドバイスなど		
環境にいいものの宣伝販売。		
一つの所で会計してほしい。		
袋を一つにまとめてくれるサービス。		
在庫の確認ができる。	28人	5.6%
エコのお得をもっと分かり易く説明した広告をしてほしい。		
詰め替え容器があればいいなあと思います。		
スーパーのように、袋を断ったら2円引きサービス。		
メーカを超えた陳列。		
百貨店でのショッピングは、たいてい洋服などゆっくり見たいので、そのついでに夕飯の買い物もするという感じだが、タッチパネル等で必要な食料品を選び、広い食品売り場を歩かなくても既に選んだ食品が用意されていて会計だけすればいいというシステム。百貨店での買い物は歩きまわるので足が疲れるのであると助かる。		

回答	人数	回答率
■その他		
無休で営業していることが多い。 不満ではないですが、マイバックは必要ないという感覚があるので、もっとアピールした方が良いのでは？ 百貨店は基本的にエコがそぐわない。 百貨店で、エコを意識した買い物はしない。百貨店には、普段と違う豪華さを求めて買い物に行く。 レジ袋を持参するとポイントなどを付与してほしい。 エコには多少不便があって当然だと思っているので、不満は感じない。 百貨店だとマイバックもそれなりのものでないと使いづらい。 商品券をチャージ型にしていない店があるのでした方がいいと思う。 不要なチラシを入れてくる。 ダイレクトメールは参考になるが、もったいないなと思うことがある。	17人	3.4%
■利用しない		
百貨店をほとんど利用しない。過剰な包装とディスプレイのあかりが無駄な気がする。 百貨店が近隣にないのでは買い物しない	26人	5.2%

設問9　百貨店であったらいいな、便利だなと思うサービスがあれば教えてください。

回答		人数	回答率
■食品関連			
	料理レシピの提供	61人	12.2%
	お取り寄せ。		
	無料試食。		
	小分け販売。		
	肉・野菜ソムリエのアドバイスやメニュー提案。。		
	朝市。		
	売っている野菜の放射線量の表示。		
	生産者のこだわりが書かれている。		
	震災地の野菜や食べ物を売ってほしいです。		
	体調によって何を食べたらいいかアドバイス。		
	食品のカロリー表示。		
	産地を詳しく明記してある。		
	原材料の簡単な表記、その場で調べられるサービスが欲しい。		
	収穫日を表示してほしい。		
	B級品の販売。		
	安全な食品について教えてほしい。		
	傷物野菜や形の悪い野菜。		
	食料品売り場が狭いところが多いので、もう少し広く、開放的な雰囲気になればいいなあと思います。		
■配送・預かり			
	無料配達。	42人	8.4%
	宅配サービス。		
	手荷物お預かり後一括配送。		
	買い物した生ものを保冷庫で預かってくれるサービス。		
	アイスボックスコインロッカー（取り出す時コインが戻ってくる）の数をもう少し増やしてほしい。		
■インターネット・メール			
	メールでの便利情報お買い得情報。	36人	7.2%
	無料インターネットコーナー（無料PC）、休憩スペース。		
	ネット販売。		
	携帯でセール情報などがリアルに得る事が出来る。		
	ネットスーパーのように、百貨店もネットにもっと力を入れるといいと思う。（遠いのでなかなか行く機会がないがネットなら気軽に購入できるから）		
	メルマガで割引クーポンを発行すると有り難いと思います。		
	インターネットで「北海道展」など催し物の販売をしてほしい。		
	ネットで予約し、店頭での購入の時間短縮。		
	情報弱者の為に、ネット情報への移行も大切だとは思うけれど、情報弱者への情報提供のサービスも、うまく考えてくれるといいなと感じます。		
■ポイント・クーポン・割引			
	容器持参、簡易包装で割り引き。	36人	7.2%
	割引きクーポン券。		
	ポイントサービスの充実。		
	雨の日サービスやポイント。		
	全百貨店共通の割引クーポン券。		
	サンプルプレゼント。		
	いくら以上買うと、次回の割引券がもらえるというサービス。		
	紙袋などの回収（ポイント還元してくれる）サービス。		
	エコ商品を買うとポイントが付くサービス。		
■販売方法			
	洋服のブランドAの商品と洋服のブランドBの商品、ブランドCの靴、ブランドDのバッグ…を共通更衣室でコーディネイトして試着するサービス。	28人	5.6%
	各階で買った商品は帰りにカウンターで受け取る。		
	売れ筋の紹介。		
	専門のアドバイス。ファッションのアドバイスなど		
	環境にいいものの宣伝販売。		
	一つの所で会計してほしい。		
	袋を一つにまとめてくれるサービス。		
	在庫の確認ができる。		
	エコのお得をもっと分かり易く説明した広告をしてほしい。		
	詰め替え容器があればいいなあと思います。		
	スーパーのように、袋を断ったら2円引きサービス。		
	メーカーを超えた陳列。		
	百貨店でのショッピングは、たいてい洋服などゆっくり見たいので、そのついでに夕飯の買い物もするという感じだが、タッチパネル等で必要な食料品を選び、広い食品売り場を歩かなくても既に選んだ食品が用意されていて会計だけすればいいというシステム。百貨店での買い物は歩きまわるので足が疲れるのであると助かる。		

回答	人数	回答率
■商品 品揃えがだいたい同じなのでもっと幅広く若者向けも増やしてほしい。 エコ商品の紹介。 品質のわかる表示があるといいと思う。 キャラクターでそろえられるギフトサービス。たとえば、ピーターラビットの商品がいろいろ選べるとか。 お徳なまとめ買い、地方や海外商品のお取り寄せ情報。 お取置きサービス。 低価格品の品揃え。 安価な金額で、メイクをしてくれるコーナー。自分に合う色を教えてくれる。 エコな生活情報や節約・節電グッズ。 使い方の有効活用法。 安いもの。	14人	2.8%
■セール 本日のお買い得品の情報。 タイムサービス。 雨の日割引。	11人	2.2%
■駐車場・駐輪場 無料駐車場。 駐輪場の設置。 駐車料金無料　確実に買い物する時だけしか利用しない（駐車料金を気にすると気軽に入れない）。	7人	1.4%
■その他 無料の休憩ルームでのマッサージなどのサービス。 婦人服売り場でのキッズスペース、託児所。 あらゆる節約に関する情報がほしい。 雨の日の傘の貸し出しサービス。 中々百貨店には行かないので通販をやって欲しい。 商品券におつりが出るようになればいい。 商品券の小額制。 公共の交通手段で行ったときのサービス。 教育のいきとどいたスタッフ。 今の天気、温度、湿度を知らせる。 被災地に商品を送るサービス。 店内のガイド、人がついて売り場を案内してくれるエスコートサービス。 階毎にある程度まとまって休息がとれる椅子などの配置。 その地域のハザードマップ情報。 商品の仕入れ先からのルート。 修理などを受け付けてくれる(指輪、傘、和装のぞうり、下駄)といいと思う。服のサイズ直し。 デパ地下で買った物を遠慮なく食べられる場所。 パウダールームにドライヤーやシューズ乾燥機があったらいいと思う。 ベルマークやペットボトルのキャップ・切手・プリペイドカードなどその他いろいろな回収活動。 不用品回収サービス。 店舗に行けない人（家が遠いなど）への出張サービス。	35人	7.0%
■イベント 北海道フェアばかりでなく、被災地の県のフェアを増やしてほしい。 食品やブランド商品の本物を知るための講座。 百貨店にある珍しい材料を使っての、料理やお菓子の教室があったら良いなと思う。 1日で取れる資格を講習してほしい。	5人	1.0%

設問10 買い物をするとき、環境面から知りたい、表示して欲しい情報について、7点満点で教えてください。

回答	1点	2点	3点	4点	5点	6点	7点
フードマイレージ（食べ物が運ばれてきた距離、近いとCO2が少ない。）	51人	58人	81人	146人	75人	46人	43人
	10.2%	11.6%	16.2%	29.2%	15.0%	9.2%	8.6%
原産地の表示	15人	7人	21人	57人	69人	57人	274人
	3.0%	1.4%	4.2%	11.4%	13.8%	11.4%	54.8%
リサイクルの実態	18人	18人	64人	144人	120人	71人	65人
	3.6%	3.6%	12.8%	28.8%	24.0%	14.2%	13.0%
ゴミの分別表示	19人	14人	35人	96人	108人	77人	151人
	3.8%	2.8%	7.0%	19.2%	21.6%	15.4%	30.2%
環境負荷度（その製品が処理される時に環境に与える負荷）	26人	25人	54人	170人	107人	71人	47人
	5.2%	5.0%	10.8%	34.0%	21.4%	14.2%	9.4%
トレーサビリティ（食品がいつ・どこで・だれが・どのように生産し、流通しているかを知る仕組み）	17人	11人	44人	90人	127人	87人	124人
	3.4%	2.2%	8.8%	18.0%	25.4%	17.4%	24.8%
エコ・省エネラベリング	20人	27人	53人	115人	128人	81人	76人
	4.0%	5.4%	10.6%	23.0%	25.6%	16.2%	15.2%
商品に関する環境面での判りやすい説明・表示	20人	20人	38人	114人	125人	83人	100人
	4.0%	4.0%	7.6%	22.8%	25.0%	16.6%	20.0%
パッケージの材料表示	19人	18人	50人	96人	114人	84人	119人
	3.8%	3.6%	10.0%	19.2%	22.8%	16.8%	23.8%

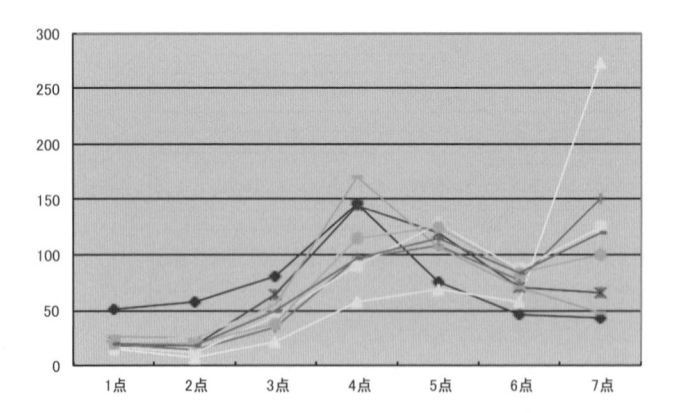

- ◆ フードマイレージ（食べ物が運ばれてきた距離、近いとCO2が少ない。）
- 原産地の表示
- ※ リサイクルの実態
- + ゴミの分別表示
- 環境負荷度（その製品が処理される時に環境に与える負荷）
- トレーサビリティ（食品がいつ・どこで・だれが・どのように生産し、流通しているかを知る仕組み）
- エコ・省エネラベリング
- 商品に関する環境面での判りやすい説明・表示
- パッケージの材料表示

設問11 百貨店として、環境への取組みで求めることや改善して欲しいと思うことは何ですか？
あてはまるものをすべてをお選びください。

回答	人数	回答率
包装の簡易化	351人	70.2%
ゴミの減量化	283人	56.6%
節電への取り組み	275人	55.0%
分別しやすい容器やエコ素材を使った販売	224人	44.8%
国産品や地元産の積極的な活用	212人	42.4%
リサイクルの取り組み	204人	40.8%
環境負荷の少ない販売方法	152人	30.4%
環境に優しい商品開発	149人	29.8%
消費者の環境への取り組みでのメリット	125人	25.0%
企業としての広報、情報開示	118人	23.6%
その他	11人	2.2%

※その他回答
冷暖房をもっと緩めてほしい。
読み聞かせでエコ告知
魅力ある商品の提供
少量パックの導入

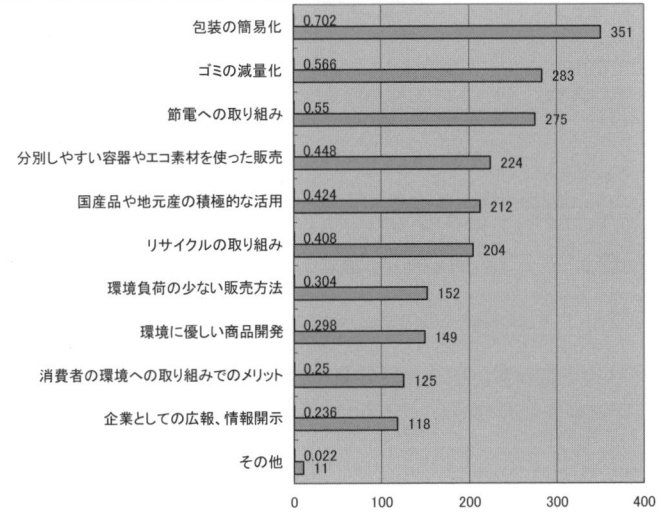

設問12　百貨店で開催される催事や講座で、興味のあるものは何ですか？
興味があるものすべてについて教えてください。

回答	人数	回答率
修理・手入れなどをし、今ある製品を長持ちさせる方法に関すること	263人	52.6%
エコレシピやエコ調理品など省エネに関すること	215人	43.0%
ロングセラー商品など良いもの、長く使えるものに関すること	204人	40.8%
食材の旬や選び方に関するもの	195人	39.0%
食品添加物など健康や安心に関すること	193人	38.6%
今ある衣類に流行を取り入れる方法やコツに関すること	147人	29.4%
衣類のエコに関すること	141人	28.2%
カーボンフットプリントやフードマイレージなど環境に関すること	57人	11.4%
その他	14人	2.8%

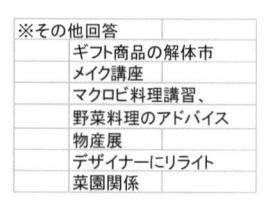

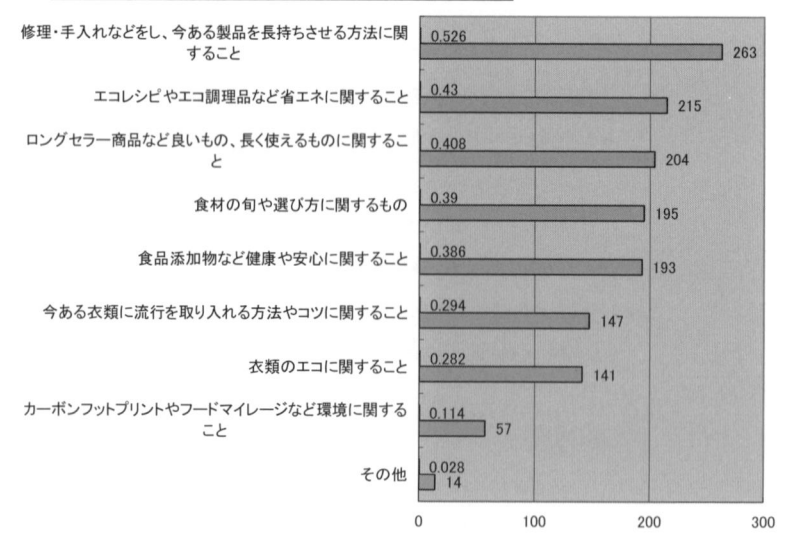

※その他回答
- ギフト商品の解体市
- メイク講座
- マクロビ料理講習、野菜料理のアドバイス
- 物産展
- デザイナーにリライト
- 菜園関係

項目	割合	人数
修理・手入れなどをし、今ある製品を長持ちさせる方法に関すること	0.526	263
エコレシピやエコ調理品など省エネに関すること	0.43	215
ロングセラー商品など良いもの、長く使えるものに関すること	0.408	204
食材の旬や選び方に関するもの	0.39	195
食品添加物など健康や安心に関すること	0.386	193
今ある衣類に流行を取り入れる方法やコツに関すること	0.294	147
衣類のエコに関すること	0.282	141
カーボンフットプリントやフードマイレージなど環境に関すること	0.114	57
その他	0.028	14

設問13 より環境に配慮したお買い物のために、あなたと百貨店がもっと協力してできる取り組みは何だと思いますか

回答	人数	回答率
■マイバッグ		
マイバッグに持参によるポイントサービス・割引。 オリジナルのエコバッグでハイグレードなのがあれば持っていても素敵ですし、安っぽくないです。 百貨店独自のマイバック。 マイバッグや容器のデポジット制を取り入れて欲しい。 割り箸やマイバッグは当り前の雰囲気にする。 マイバッグは環境にいいと思わないので、ずっと袋を用意しといて欲しい。(2人)	207人	41.4%
■包装		
包装を断ると割り引いてくれたりポイントがたまる。 包装に関しては賛否両論だと思いますが、上品であれば付加価値のあるものなので、華美な事を控えればいいと思う。 贈り物以外の包装を簡単にする。 食料品(デパ地下)などで一カ所で買い物する度にレジ袋に入れてくれるが、まだ沢山買うのであれば最初から大きい袋に入れてもらえばよいと思う。 持ち手つきのギフトバッグ。包装は二重にならずにすみます。 基本包装なしが当たり前の百貨店が良い!どうしてもほしければ、お客は包装紙を買う。その代金を環境のために使う。 ビニール袋より再生紙のショッピングバック型紙袋にしてほしい。その袋を紙の廃棄の際に利用しているから。 フロア毎に清算をするので、その度貰う紙袋などが増えると思います。まとめて清算出来るようにすれば、袋を渡す量も減ると思います。 紙袋などに包装してもらえる事が、スーパーとは違ったサービスだと思うので、続けていただきたい。(1人)	123人	24.6%
■節電		
冷暖房を調節。 冬季の暖房は定員にあわさず、コートを着ている来客に合わせる。 営業時間の短縮。 エスカレーター、エレベーターの利用を控える。 節電に理解を示すこと。(照明が少なくても納得する)	36人	7.2%
■リサイクル		
保冷材を回収してほしい。 不要な衣料品や靴などの下取りサービス。 不必要になった衣類をバッグなどに再加工してもらえるサービス(デザイン込み)。和服の着物などをブラウスやバッグに再加工してもらえるサービス。 資源ごみ回収ボックスの設置。 プレゼントでもらったものが入っていた箱、これって買った人がきっと箱代をはらってますよね?これがリサイクルできたらいいかも。 中古品の交換会。 商品の修理・リフォーム依頼が出来る。 レジ袋、ショップバッグはリサイクル。 化粧品などの空ボトルは回収する。	30人	6.0%
■販売方法		
量り売りの商品を増やし、でパッケージの簡素化、自分で入れ物を持参する。 詰め替えできる商品の販売促進。 適正な在庫で、ものによっては取り寄せる形をとる。 エコポイントを導入すること。 規格外の野菜を安く売る。 売れ残りを安くで売ってもらえる制度。 少し高くても、本当に良いものを購入し、アフターサービスを充実させて長く愛用出来るようにする。 商品の予約ができる様にして混雑を避ける。 出来るだけ本来の素材を活用した製品を選ぶ。 国産のエコ商品を販売・購入する。	25人	5.0%
■その他		
百貨店の店員さんもクールビズにしたらいいと思います。私たちも普段着でもっと気軽に行けるようになるから。 地元密着がたの活動。 駐輪場の増設。 公共機関を利用する。 ネット通販。 細かいおつりは寄付する。 レストランなどでマイお箸などの利用。 従業員削減。 ポイントをエコ活動に寄付できる。 ただのエコではなくその百貨店独自のかっこいいエコスタイルを提案する場や企画をもっと取り組んでほしい。 スーパーやコンビニ並みの意識改革。	15人	3.0%
■望まない		
百貨店には望まない。 現状でもかなり積極的に取り組んでいると思う。これ以上は難しい。	3人	0.6%

設問14　お買い物と地域や環境、次世代の子供たち、これからの日本を考えた上で、未来の百貨店に望むことはあご自由にお書き下さい。

回答	人数	回答率
■商品		
良いものを厳選して、安心して買い物できるような百貨店であって欲しい。	79人	15.8%
利益の追求だけでなく、環境に配慮した商品の提供。		
本当に安全なものを手頃な価格で販売して欲しいです。		
環境に優しい商品を幅広く取り扱って欲しい。		
価格をもっとリーズナブルにするべきだと思う。		
もっと面白い、行くのが楽しい商品を発掘、提供して欲しい。		
ライフスタイルの提案。		
百貨店＝高い　のであれば、その価値に見合う産地、材料等であって欲しい。		
地元ブランドを全面的にすすめる。		
高級感よりも地球に優しい包装や商品作りをしてほしいです。		
企業を協力して、よりゴミの少ない商品を開発してほしい。		
海外の素敵なものもいいけれど、日本の製品、伝統芸能を素敵にアレンジしたものなども扱い続けてほしい。		
伝統工芸品などは、販売を続けて欲しい。		
子供の時に食べたものはいつまでも記憶に残ります。日本の素晴らしい食文化を教え、食べられるレストランが百貨店内にあれば、健康にもなり勉強にもなります。		
■イメージ		
老舗ばかりなのですから、大変でも格のある位置でいて下さい。	61人	12.2%
老舗のお店でもオープンにして、自由に選べるようにしてほしい。		
環境重視のエコ百貨店。		
よりレベルの高い、環境に優しい取り組み等を、大きい規模で実践し、お客など皆を、社会的に引っ張っていってくれるような存在になってほしい。		
3世代、家族で1日楽しめる。		
もっと誰でも利用できる環境づくり。		
次世代の子供たちに、これからの日本、未来のお買い物と地域や環境のヴィジョンを見せられるような空間であってほしい。		
環境に配慮し、地域に密着した営業展開。		
スーパーにはない雰囲気や少しセンスのいいものを提供してほしい。		
伝統の商品やデパートならではの格のある商品を販売して、子供達に本物を知る、買える場所を提供する。		
ある程度きちんとした服装をして、買物に行く場所というような買物マナーも覚えられる格式のある店という昔のデパートの雰囲気を復活させる。		
百貨店は無駄を楽しむところでもあると思う。		
百貨店の伝統を残して欲しい（丁寧、ハイクオリティーの接客など）。		
■節電・節約		
無駄を省き、価格への還元を強調する。	43人	8.6%
無駄なエネルギーを使わず、それでも高級感のある百貨店だと嬉しいです。例えば店内で使用する電気は、店内で発電する仕組みとか。		
節電に配慮したつくり。また、営業時間も曜日毎に違ってもよいと思う。		
省エネ、植樹などに取り組んでほしい。		
冷暖房をきかせ過ぎない。		
環境に配慮して、節電、時間短縮などができるはず。　時間短縮の分インターネットをもっと活用すべき。		
屋上を利用した太陽光発電。		
営業時間や日数の短縮。		
エアコンやエスカレーターの使用を少なくする。		
■エコ		
屋上にガーデンの設置。	38人	7.6%
エコも大事だが、百貨店ならではの満足感は損なわないでほしい。		
百貨店は夢のある場所なので、その夢を守りつつ・多少の高級感も残しつつ、エコにもっと積極的な場所になって欲しい。		
エコに関したセミナー、エコな暮らしの提案。		
お買い物をすると、駐車料金が無料になるサービスがありますが、エコを考えると、車での来店には、駐車料金を取ったほうが、良いと思います。		
駐輪場の整備（なるべく車を使わないように）。		
新しい取り組み…というよりも、昔の生活に帰ることを提案するのも、エコにつながることではないかと思います。		
やはり、百貨店は一般のお店とは何かが違ってほしいので、省エネやエコロジーにもその百貨店独自の特色を出して楽しませてほしい。（松坂屋のペットボトルキャップ入れの桜パンダの大きな容器が可愛かった。）		
ごみを減らす。		
地産地消をもっと心がけるところから始めていけば、エコにつながりやすいと思います。		

回答	人数	回答率
■包装		
包装の簡易化を進めて欲しい。 商品の受け取りを別の場所にし、買い物が終わったときにまとめて受け取れる百貨店もあるので、そのシステムを利用。 海外のお店のように マイバッグで買い物ができるといいなと思います。 百貨店というブランドを落とさない工夫をして欲しい。マイバックなんてとんでもない。包装紙が命でしょ！！	31人	6.2%
■サービス・イベント		
贅沢な気分を味わえるのも百貨店の良いところなので、そこは残しつつ、過剰なサービスを省いたコーナー等をつくる。 インターネットを使ったネット販売。地方に住んでいるお年寄りや、妊娠中・育児中のお母さんへの宅配サービス。 バリアフリー。 全国共通百貨店商品券があるなら、全国共通百貨店ポイントカードもほしい。 楽しくなれるイベント。 過剰すぎるサービスをなくし、気持ちのよいほどよいサービスの提供ができる百貨店。 百貨店にも色々な物の修理をする部門を作って物を大切に出来るようにして欲しいです。 取引先企業だけでなく客の視点に立ったサービスを新しく開発してほしい。 子どもたちの一日百貨店体験。 もっと子供の遊び場・イベントをつくってほしい。 高齢者も求めるようなサービスの部分にも積極的に進出して欲しい。 取り組んでいることを子供たちに教えるワークショップみたいな企画があると楽しく勉強になると思います。 着付け講座やデパ地下で売っている素材を利用しての料理講座。いらなくなった衣類でバッグをつくる講座などあればよいかもしれない。	22人	4.4%
■リサイクル・リフォーム		
リサイクル商品を取り扱うだけでなく、回収する方にも力を入れるべき。 資源の有効活用をお願いします。	9人	1.8%
■その他		
環境教育や食育などに企業として協力して欲しい。 海外の百貨店で取り組んでいることを紹介してほしい。 CSR活動の促進。 ただ単に買い物をする場所から、昼間の時間を快適に過ごす場所にかわってほしいです。 わかりやすい売り場づくり。 ショッピングではなく、いざというときの避難所として機能できる設備対応を望みます。 警備などの強化。 これからはこの商品を購入すると、代金の一部が復興支援、あしなが、など、様々な基金へ募金されるようなものが受けるのでは。 百貨店は高級なものを取り扱うところなので地域と環境は関係ないと思う。	14人	2.8%

設問15 ）あなたの年齢を教えてください。
※回答者属性参照

設問16 あなたの家族構成について教えてください。
※回答者属性参照

設問17 デパートでのお買い物の頻度について教えてください。

回答	人数	回答率
年に1日	86人	17.2%
年に数日（5日以下）	150人	30.0%
2ヶ月に1日	73人	14.6%
月に1日	110人	22.0%
月に2～3日	56人	11.2%
週に1日以上	25人	5.0%
合計	500人	100.0%

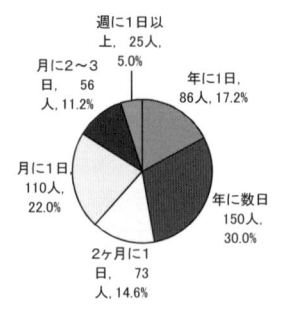

週に1日以上, 25人, 5.0%
月に2～3日, 56人, 11.2%
月に1日, 110人, 22.0%
2ヶ月に1日, 73人, 14.6%
年に数日 150人, 30.0%
年に1日, 86人, 17.2%

設問18 あなたがよくお買いものする物の上位3つを教えてください。

回答	人数	回答率
洋菓子	213人	42.6%
生鮮食品	197人	39.4%
和洋菓子	178人	35.6%
惣菜	162人	32.4%
婦人服	125人	25.0%
催事用品	95人	19.0%
家庭用品	76人	15.2%
化粧品	75人	15.0%
婦人雑貨	74人	14.8%
子ども服	48人	9.6%
お酒	29人	5.8%
インテリア	21人	4.2%
特選衣料雑貨	16人	3.2%
紳士服	13人	2.6%
紳士雑貨	8人	1.6%
スポーツ用品	4人	0.8%
宝飾	4人	0.8%
美術品	1人	0.2%
その他	23人	4.6%

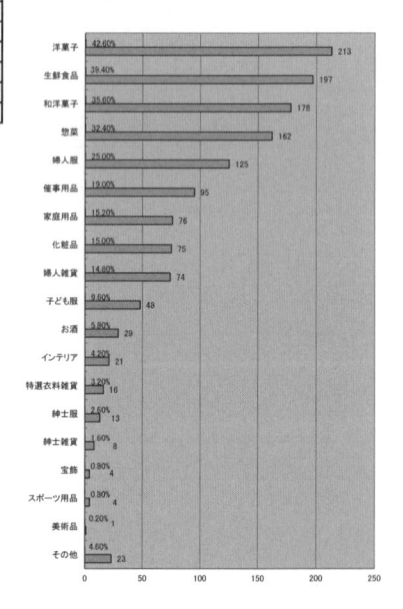

おかいもの革命プロジェクトとは

　『おかいもの革命プロジェクト』は、(独)科学技術振興機構(JST)社会技術研究開発センター(RISTEX)「地域に根ざした脱温暖化・環境共生社会」研究開発領域(領域総括：堀尾正靱　龍谷大学　教授・東京農工大学　名誉教授)に採択された、「名古屋発！低炭素型買い物・販売・生産システムの実現」として、2008年10月～2013年9月までの5年にわたり実施した研究開発プロジェクトである。
　本プロジェクトは、産学官および地域に住まう消費者が連携し、"買い物"を通じた低炭素型社会の創出を試みた新しい取り組みである。

　主な参画機関は以下の通りである。
＜大学＞
日本福祉大学、椙山女学園大学、名古屋大学、大阪市立大学、豊橋技術科学大学、立命館大学
＜流通販売者＞
ユニー(株)、(株)ジェイアール東海髙島屋
＜NPO＞
NPO法人ボランタリーネイバーズ
＜自治体等＞
なごや環境大学、名古屋市、愛知県

　プロジェクトのスタートから2009年にかけて、まずは消費者の購買行動の調査を行い、消費行動のインセンティブなどの検討、及び買い物の変革に向けて能動的に取り組む消費者の組織化を試みた。続く

2010 年〜 2012 年は、マーケティングの観点も取り入れ、消費者および流通販売者の相互学習型プラットホーム「リサーチャーズクラブ」を立ち上げた。ここでは、対話や相互学習を進めながら低炭素型社会の実現に向けたより良い買い物について具体的な提案を行い、店舗にて社会実験を行った。さらには、リサーチャーズクラブから派生した、「リサーチャーズクラブ・プラス」を立ち上げ、流通販売者とともに CO_2 削減につながる容器包装の削減に取り組んだ。リサーチャーズクラブに参加したメンバーについては、参加前後の変容および、他の消費者への影響などについても分析を行い、リサーチャーズクラブに参加することでの消費者の変容を検証した。

また、買い物だけでなく、あらゆる「暮らし方」という観点から、無理なく楽しく低炭素型社会に向けた消費行動へとつなげるために、暮らし方を集めた「生活レシピ」をライフスタイルに関する女性専門家と共に作成した。

並行して、食品を中心とする短期商材について、相互学習型プラットホームを創出することによる CO_2 削減効果の試算を行い、中期・長期商材にも適用可能とする仮定のもと、買い物を起点とした脱温暖化に向けたシナリオを描いた。

以下のウェブサイトに本プロジェクトの詳細内容を掲載しているので参考にしていただきたい。http://www.okaimonokakumei-pj.com/

編著者プロフィール 197

【執筆者一覧】

永田　潤子　大阪市立大学大学院　創造都市研究科　准教授

　海上保安大学校卒業後、埼玉大学大学院政策科学研究科（現：政策研究大学院大学）にて政策分析修士号を取得、大阪大学経済学研究科博士後期課程にて経営学、意思決定について研鑽。1997年海上保安大学校行政官理学講座助教授、2003年4月より現職。専門は、公共経営論（CSRを含む。）であり、マーケティングの視点を活かし「おかいもの革命プロジェクト」の研究代表を務めるなど、社会問題の解決を目指した理論と実践を試みている。はじめに、第1章、おわりにを執筆。

木村（旧姓：半谷）　まい　暮らしの対話研究所　代表（買い手と売り手の対話の場「愛あるホンネ部　運営」）、椙山女学園大学　研究員

　岡山大学環境理工学部環境物質工学科卒業後、環境関連企業に勤務。企業での経験を生かし「おかいもの革命プロジェクト」の立ち上げ当初から研究員として参画。主に、プロジェクトマネジメント、リサーチャーズクラブやfacebookコミュニティの立ち上げを行う。プロジェクトの成果を地域に還元すべく、2013年9月に買い手と売り手が対話をする場「愛あるホンネ部」を立ち上げ、社会や環境にも配慮しながら安心して暮らせる地域づくりを実践している。第2章を執筆。

藤原なつみ　大阪市立大学 研究員

　東北大学大学院環境科学研究科高度環境政策・技術マネジメント人材 養成ユニット（現・環境政策技術マネジメントコース）にて修士号（環境科学）を取得。環境政策、環境マネジメントを専攻。金融系シンクタンク研究員等を経て、2011年より現職。「おかいもの革命プロジェクト」ではリサーチャーズクラブの事務局等を担当。第3章を執筆。

小田奈緒美　愛知教育大学　大学間連携共同教育推進事業　研究員

　椙山女学園大学を卒業後、同大学大学院人間関係学研究科（教育学専攻）にて人間関係学修士号を取得、同大学大学院人間生活研究科にて人間生活科学博士号取得。大学卒業後、愛知県内の高等学校で約10年間家庭科非常勤講師を務め、現在は大

学にて研究活動を進めている。研究領域は「消費者教育」および「家庭科教育」である。「おかいもの革命プロジェクト」では、リサーチャーズクラブ・プラスの運営や消費者アンケートの分析を担当した。第 4 章を執筆。

東　珠実　椙山女学園大学現代マネジメント学部　教授

　静岡大学卒業後、同大学大学院教育学研究科修士課程を修了し、中京大学大学院商学研究科博士課程にて家計消費行動について研究。平成 5 年に博士（商学）を取得。平成 4 年より椙山女学園大学に着任、平成 16 年 4 月より現職。専門は、消費者経済論、生活経営論。現在、日本消費者教育学会副会長、生活経済学会理事を務め、消費者や生活者の立場から経営や経済の問題を研究。「おかいもの革命プロジェクト」プロジェクトでは、消費行動研究グループの代表を務める。第 5 章を執筆。

吉川　直樹　立命館大学　理工学部環境システム工学科　特任助教

　2005 年立命館大学経済学部卒業、2010 年立命館大学大学院理工学研究科博士課程後期課程修了、博士（工学）。2010 年 4 月立命館大学理工学部環境システム工学科　助手、2013 年より現職。専門は環境システム工学。ライフサイクルアセスメント（LCA）の観点から、消費行動と環境負荷の関係の分析や、農業・食料分野における環境影響の定量評価手法に関する研究に従事。「おかいもの革命プロジェクト」では研究協力者として参画。第 6 章を執筆。

中島　寛則　名古屋市環境科学調査センター　環境科学室　研究員

　名古屋市立大学薬学部卒業後、2001 年 4 月より名古屋市環境科学研究所大気騒音部 (現名古屋市環境科学調査センター環境科学室) に入所。以来一貫して、PM2.5 やアスベストなど大気汚染についての分析や調査研究に従事し、現在に至る。「おかいもの革命プロジェクト」では、発足当初より参加し、消費者が購入する青果物の温室効果ガス排出量の算出およびその削減方法についての研究を試みている。第 7 章を執筆。

おかいもの革命!
〜消費者と流通販売者の相互学習型プラットホームによる低炭素型社会の創出〜

2014 年 3 月 20 日　初版第 1 刷発行

　　　　編著者　おかいもの革命プロジェクト
　　　　発行人　武内　英晴
　　　　発行所　公人の友社
　　　　　　　　〒112-0002　東京都文京区小石川 5-26-8
　　　　　　　　TEL 03-3811-5701
　　　　　　　　FAX 03-3811-5795
　　　　印刷所　倉敷印刷株式会社

　　　　ISBN978-4-87555-637-4　　C3030